Adeus Haiti

Adeus, Haiti

MEMÓRIAS

Edwidge Danticat

TRADUÇÃO
Geraldo Galvão Ferraz

AGIR

Título original
Brother, I'm Dying

Capa
Miriam Lerner

Diagramação
DTPhoenix Editorial

Copidesque
Tais Monteiro

Revisão
Patricia Reis
Rebeca Bolite

CIP-Brasil. Catalogação na fonte. Sindicato Nacional dos Editores de Livros, RJ.

D218a Danticat, Edwidge, 1969-
Adeus, Haiti / Edwidge Danticat; tradução Geraldo Galvão Ferraz.
— Rio de Janeiro: Agir, 2010.

Tradução de: Brother, I'm dying
ISBN 978-85-220-0997-8

1. Danticat, Edwidge, 1969- — Família. 2. Escritoras americanas
— Século XX - Biografia. 3. Haiti — Condições sociais — Século XX.
I. Título.

09-2942 CDD: 928.1
CDU: 929:821.111(73)

Texto estabelecido segundo o Acordo Ortográfico da Língua Portuguesa de 1990, em vigor no Brasil desde 2009.

Agir é um selo da Editora Nova Fronteira Participações
Rua Nova Jerusalém, 345 – CEP 21042-235 – Bonsucesso – Rio de Janeiro – RJ
Tel.: (21) 3882-8200 – Fax: (21) 3882-8212/8313

Para a próxima geração de "cats":
Nadira, Ezekiel,
Zora, Timothy
e Mira

Para começar com a morte. Para construir meu caminho de volta à vida,
e então, finalmente, voltar à morte.
Ou então: a vaidade de tentar dizer qualquer coisa sobre qualquer um.

Paul Auster
A invenção da solidão

Sumário

PARTE UM

Ele é meu irmão

É como podes mostrar teu amor por mim:
Onde quer que formos, dirás de mim que sou teu irmão.

GÊNESIS 20,13

Você aproveitou a sua vida?

Descobri que estava grávida no mesmo dia que a rápida perda de peso e a crônica respiração arquejante do meu pai foram diagnosticadas como fibrose pulmonar terminal.

Era uma manhã quente do começo de julho de 2004. Peguei o voo das seis e meia em Miami para acompanhá-lo numa consulta a um pneumologista no hospital Coney Island, no Brooklyn, naquela tarde. Pretendia dormir durante a viagem, mas não consegui por causa das cólicas na parte inferior da barriga.

Interpretei as dores como sinal de preocupação com meu pai. Nos últimos meses, ele havia sido internado três vezes, e sua respiração tinha se tornado difícil e barulhenta. Durante sua estadia mais recente no hospital, ele havia sido encaminhado a um pneumologista, que realizou uma nova bateria de exames.

Meu pai me pegou no aeroporto às nove da manhã. Fazia um mês que não nos víamos. Dois anos antes, em agosto de 2002, eu me casara e mudara para Miami, onde meu então noivo vivia. Com medo da desaprovação do meu pai, eu não havia anunciado minha intenção de deixar Nova York até um mês antes do casamento, quando ele me convocou até seu quarto para uma conversa.

— Como é que você pode ir embora de Nova York? — perguntou-me enquanto preenchia um cheque sobre um livro apoiado no colo. Na época, ele ainda estava saudável, embora debilitado, com um corpo que parecia e se movia como o de um bailarino idoso e o cabelo grisalho que se tornava escasso, ocupando apenas metade da cabeça.

Tirando os óculos bifocais de armação de aço para que eu visse melhor seus olhos cor de âmbar, acrescentou, na sua voz arrastada e rouca:

— Sua mãe está aqui no Brooklyn. Eu estou aqui. Dois dos seus três irmãos estão aqui. Você não tem família em Miami. E se esse homem pelo qual está se mudando maltratar você? A quem você irá recorrer?

O sermão acabou com ele me dando o equivalente a cinco meses de suas prestações da hipoteca para as despesas da festa de casamento. Lembrando agora, gostaria que ele dissesse simplesmente: "Não vá. Vou ficar doente e poderei morrer."

No aeroporto, ele estava fraco demais para sair do carro e me receber.

O calor abrasador deixava sua respiração ainda mais difícil, explicou-me ao celular, enquanto acenava do banco do motorista do seu Lincoln Town Car vermelho-maçã, que ele usava como táxi e carro da família.

Quando se inclinou para abrir a porta, começou a tossir, uma tosse profunda e seca que produziu um bocado de catarro grosso, que ele cuspiu em lenços de papel empilhados em um saco plástico ao seu lado.

Durante os seis meses que estivera visivelmente doente, meu pai ficara cada vez mais envergonhado com essa tosse, como havia se incomodado com seus braços e pernas nos muitos anos durante os quais lutou contra a psoríase crônica e o eczema. Daí, também começou a se sentir como um "leproso bíblico", do tipo que as pessoas temiam que pudesse infectá-las com micróbios que arruinavam a pele e outros males. Então, sempre que tossia, cobria o rosto todo com as duas mãos.

Esperei que ele parasse de tossir, então me inclinei e o beijei. A beirada dura de seus malares salientes bateu forte nos meus dentes. Ele havia passado a usar paletó mesmo nos dias mais quentes, porque queria esconder o quanto emagrecera. Naquela manhã, no aeroporto, usava um suéter cinza, uma camisa listrada azul e calças azul-marinho que pareciam ter sido de alguém com o dobro do seu tamanho.

— Estou contente em vê-la — disse, ao puxar o colarinho da camisa, largo demais.

Enquanto se metia pelo tráfego na saída do aeroporto, perguntou sobre meu marido e sobre a casa que vínhamos reformando na área de Little Haiti, em Miami, nos últimos dois anos.

— Alguma novidade? — piscou para mim. — Bebê?

Fedo, meu marido, e eu estávamos esperando acabar a reforma antes de tentar engravidar, disse-lhe.

— Você está com 30 anos — falou. — Está com mais anos férteis para trás do que para a frente.

Vendo-o dirigir sem esforço o mesmo carro que guiava há quase uma década, senti outra vez a cólica. Tínhamos algumas horas antes da consulta com o médico, então ele sugeriu que visitássemos uma herborista que seu pastor, cuja igreja pentecostal meu pai frequentava há mais de trinta anos, recomendara recentemente.

—Talvez a herborista possa examinar nós dois — sugeri. A essa altura, eu ainda queria acreditar que nossos desconfortos pudessem ser comparáveis, algo que algumas ervas e plantas aromáticas pudessem curar.

A herborista recebeu-nos imediatamente, mesmo sem termos consulta marcada. Era uma jamaicana grande, com um lenço bordado multicolorido na cabeça, que conduziu meu pai até uma cadeira perto de uma máquina que parecia pronta para fazer um exame de vista.

Antes de nossa iridologia, fez com que assinássemos declarações dizendo que sabíamos que ela não era médica e que não curava doença alguma. Então explicou que isso era uma exigência legal, apesar de ela ter curado muita gente — como o pastor do meu pai lhe dissera —, inclusive alguns pacientes com câncer terminal.

Ela tirou uma foto das pupilas do meu pai, depois as ampliou numa tela de computador. Inclinou-se e examinou o branco dos olhos na tela.

— O senhor precisa de muitas vitaminas. — Ela mostrou umas manchinhas para provar isso. — Precisa limpar seu sistema e desbloquear esses pulmões.

Quando acabou o exame, passou para meu pai um papel com os nomes de alguns xaropes e comprimidos que vendia.

Depois do meu exame ocular, disse-me que eu tinha um desequilíbrio em meu útero.

Minha menstruação estava atrasada? Eu tinha feito um teste de gravidez?

Meu pai, que estava examinando um catálogo cheio de ervas caras, de repente levantou os olhos.

— Não tenho motivo nenhum para fazer um teste de gravidez — disse-lhe. — Meu marido e eu, bem, não estamos tentando.

Meu pai abriu a boca para dizer alguma coisa, mas suas palavras se dissolveram num longo ataque de tosse, que levou a herborista a juntar mais alguns itens recomendados à sua lista.

— Há alguma coisa acontecendo com você — ela me disse enquanto saíamos com 200 dólares de vitaminas, coenzimas, oxigênio líquido e calmantes naturais para a tosse do meu pai. — Os olhos não mentem.

O consultório do dr. Padman era um lugar triste e desesperador. Todo mundo na sala de espera, na maioria imigrantes caribenhos, africanos ou do Leste Europeu, parecia lutar para respirar. Alguns, como meu pai, mal conseguiam se aguentar sozinhos, enquanto outros arrastavam tanques portáteis de oxigênio atrás de si.

Meu irmão Bob, que dava aula de geografia numa escola de ensino médio próxima, era, devido ao seu lugar de trabalho e às tardes livres que seu horário permitia, o mais frequente companheiro do meu pai na sala de espera. Contudo, depois de algumas consultas, ele começou a ter aversão por aquela sala cinzenta e desbotada, por seus cheiros acres e mofados, por sua pintura bege descascada e pelos cartazes antifumo, porque era o único lugar em que a situação do nosso pai era mais clara, onde seu futuro parecia mais incerto. Ao mesmo tempo, era onde papai parecia mais à vontade, onde ele podia tossir sem ficar constrangido, porque havia outros que também tossiam, alguns mais ruidosamente. Entre as faces esqueléticas e as vozes roucas ao seu redor, ele podia se colocar em alguma espécie de *continuum*, em que ainda seguia em frente.

Uma enfermeira pediu a meu pai que subisse numa balança assim que chegamos. Esta era a parte da consulta da qual ele passou a ter mais medo, pois comprovava que estava realmente emagrecendo. Antes de ficar doente, ele carregava 82 quilos no seu corpo de 1,61 metro. Naquela consulta de julho de 2004, estava pesando 68 quilos.

Quando entramos no seu consultório, o dr. Padman apresentou-se rapidamente. Era um asiático, baixo, de óculos, quase sem sotaque; parecia, como meu pai e eu, ter passado parte da vida num lugar do mundo que ainda ecoava na sua voz. A maca de exames e uma balança vertical ocupavam toda a salinha; só havia espaço para uma cadeira junto à sua escrivaninha, onde uma tela de computador estava voltada para uma janela gradeada, distante do paciente.

Fiquei de pé atrás da cadeira do meu pai e olhei para baixo, para ele e o médico, como um inspetor de fábrica observando tudo, mas fazendo o possível para não interferir.

— Como o senhor está se sentindo? — perguntou o dr. Padman.

— Não muito bem — respondeu meu pai.

Durante todo o tempo de sua doença, meu pai nunca disse aos médicos que estava se sentindo "mal". Em vez disso, era "Não muito bem" ou "Não muito mal", uma tradução literal da expressão crioula: "Pa pi mal."

— E como vai a tosse do senhor? — prosseguiu o dr. Padman.

— Na mesma — meu pai respondeu.

Pensei se o fato de o dr. Padman chamar meu pai de "senhor" era uma afetação, uma questão de esforço no seu lado da maca, ou no lado da escrivaninha, um hábito ou algo que ele fazia naturalmente. Talvez fosse uma daquelas pessoas que chamam todo mundo de "senhor", especialmente aqueles com menor probabilidade de serem chamados assim. Ou talvez fosse simplesmente um jeito de não precisar lembrar nomes.

O dr. Padman olhou rapidamente a tela do computador, depois tirou os raios X e a tomografia axial computadorizada do meu pai de um envelope pardo. Levantou-os à luz da janela e, olhando para a tela do computador, perguntou a ele:

— O senhor ainda está tomando codeína?

Meu pai deixara de tomar codeína, que um médico de emergência lhe receitara, porque ela o fizera ser reprovado no exame anual de drogas exigido pela Comissão de Táxis e Limusines para a renovação da sua licença de motorista de táxi. Ele aproveitou a pergunta do dr. Padman para saber se ele escreveria uma carta para um recurso à Comissão, afirmando que ele estava tomando codeína por razões médicas legítimas.

O dr. Padman assentiu e fez uma anotação num bloco amarelo. Depois pegou o telefone e chamou sua assistente.

Edie era uma filipina magra e esperta que falava cada frase com sua voz mais alta, como se estivesse sendo transmitida por um megafone num comício.

— Boa tarde — ela gritou, assustando meu pai.

— Edie vai checar a respiração do senhor — explicou o dr. Padman.

Meu pai levantou o olhar até Edie, depois encarou o doutor com igual vulnerabilidade. Levantou-se devagar, apoiando-se no encosto da cadeira.

— Não vai demorar — disse Edie, agarrando um dos cotovelos do meu pai.

Assim que meu pai sumiu de vista, sentei na cadeira que ele ocupara e tentei dar uma olhada no computador do dr. Padman, mas o brilho da tela era apropriado para dar visão máxima ao médico e limitada para o paciente.

— Edie vai fazer um exame da função pulmonar — explicou. — Seu pai precisa soprar num tubo para sabermos quanto ar ele tem nos pulmões.

Imaginei meu pai com esse tubo na boca, tentando impossivelmente enchê-lo de ar, sem nunca conseguir. Não era preciso ser pneumologista para ver que ele não poderia apagar uma velinha. Não tinha ar para desperdiçar.

— Estou realmente preocupada com meu pai — falei.

— Não se preocupe. Edie cuidará bem dele — ele respondeu, talvez pensando que eu estivesse me referindo ao exame.

— Estou preocupada com o estado dele. Em geral.

— Seu pai tem uma doença muito grave — disse. — Chama-se fibrose pulmonar. Pode dar uma olhada na internet. Verá que não é uma coisa nada boa.

De repente, era como se discutíssemos sobre alguém que mal conhecíamos. Quase pensei em ir para casa pesquisar informações sobre a doença e descobrir meu pai citado abaixo das suas muitas definições e exemplos. Sem ter melhores opções de palavras, ações ou preces, recorri a um lugar-comum, uma frase corriqueira em consultórios de novelas.

— Qual é sua previsão? — perguntei.

— Depende de vários fatores — ele disse —, mas a maioria das pessoas que não respondem ao tratamento vive entre seis meses e dois anos.

O corpo do meu pai não respondia ao tratamento. A codeína e a prednisona receitadas pelo médico do pronto-socorro não aliviaram a sua tosse nem reduziram as manchas e o enrijecimento gradativamente progressivos dos seus pulmões.

— Você deve contar aos seus entes queridos sobre o estado de seu pai — disse o dr. Padman, como se fosse o tipo de informação que alguém pudesse guardar para si.

Seria esse o procedimento padrão para contar a um membro da família (sem a permissão do paciente) que o paciente estava morrendo? Talvez o dr. Padman não quisesse aumentar o estresse do meu pai dizendo-lhe diretamente que sua doença era incurável. Porém, depois, ele simplesmente escreveria na carta do recurso de meu pai à Comissão de Táxis e Limusines: "Meu paciente André Miracin Danticat está em estado incurável, o que exige que tome codeína."

Meu pai nunca falou sobre a carta antes ou depois de tê-la xerocado e mandado o original para a Comissão, que negou seu recurso.

O que causa uma doença assim? Fiquei pensando sobre isso enquanto o dr. Padman e eu esperávamos meu pai voltar do seu exame de função pulmonar. Seria a fumaça persistente do carro nos mais de 25 anos em que ele trabalhara como motorista de táxi? Carcinógenos dos mais de 25 anos em que fumara quando jovem, mesmo que já tivesse completado 25 anos sem cigarros?

— E um transplante de pulmão? — perguntei ao dr. Padman. — Meu pai poderia fazer um transplante de pulmão?

— Ele tem 69 anos — disse, como se isso também fosse novidade para mim. — Receio que tenha passado da idade de entrar na lista. Além disso, o transplante não é uma garantia. Há uma probabilidade muito grande de rejeição.

— Ele poderia passar por uma cirurgia que cortasse a parte ruim do pulmão e deixasse o resto? — perguntei.

— Os dois pulmões estão muito comprometidos — foi a resposta.

Começava a achar que qualquer coisa que eu dissesse seria refutada com algum obstáculo insuperável.

Ouvi os sapatos do meu pai arrastando-se pelo chão, voltando na nossa direção. Passei a reconhecer esse barulho desde que ele parara de levantar os pés ao andar, para aliviar a pressão de literalmente carregar seu próprio peso.

Edie estava de pé atrás dele quando apareceu na porta. Com os ombros arqueados, ela pareceu momentaneamente tão sem fôlego quanto meu pai, que não conseguira fazer o exame. A cada vez que ela lhe pedia que expirasse no tubo, contou, ele quase desmaiava de tanto tossir.

Nos últimos dois meses, mais ou menos, quando meu pai ficava muito tempo de pé, seu corpo tremia como se fosse cair de repente. Ele estava tremendo agora. Levantei-me e o ajudei a sentar na cadeira em frente ao médico, que esperei que fosse falar de novo, explicando ao meu pai o seu estado. Claro, comigo ele só ensaiara e diiria também a meu pai como era "ruim" a doença, quantos meses ele teria de vida.

Mas não. Em vez disso, receitou mais prednisona e codeína. Meu pai não disse nada. Encostou a cabeça para trás na parede, fechou os olhos e tentou inspirar profundamente, o que resultou em arquejos.

Indo para o elevador do hospital, ainda sem entender totalmente tudo o que havia acontecido, fixei meus olhos nos números que cintilavam e evitei olhar para meu pai, que mesmo antes de ficar doente sempre se sentira desconfortável em lugares estranhos. Agora ele parecia ainda mais apreensivo, perdido no mundo isolado dos enfermos.

No carro, eu retomei a primeira pergunta que o dr. Padman fizera.

— Como se sente, papai? — perguntei em crioulo. — Ki jan w santi w?

Nou la, ele disse. Nada mal. Bem, mais ou menos. Não pelos padrões normais, mas pelo que agora considerava bom. Não tossia demais. Não respirava muito custosamente. Dirigir era bom porque ele não usava muita energia, mas andar era difícil. Andar era infernal.

— Vou deixar você. Irei para casa um pouco mais tarde — ele falou, ao nos aproximarmos da casa dele e da minha mãe, de quatro quartos, dois andares de tijolos, para uma família, que compraram há 18 anos, depois de morar em uma série de pequenos apartamentos por todo o Brooklyn.

— Venha para casa e descanse — disse eu.

Ele tinha uma reunião na empresa de carros de aluguel que dirigia com meu tio Franck, o mais jovem dos seus dois irmãos e o único dos quatro que morava nos Estados Unidos.

Eu estava com cólicas outra vez, tão fortes e frequentes que imaginei se a herborista poderia mesmo estar certa. Estava acontecendo alguma coisa comigo? Pedi ao meu pai que me deixasse numa farmácia próxima, onde comprei um teste de gravidez.

Minha mãe não estava em casa quando cheguei, então me tranquei no minúsculo banheiro de hóspedes dos meus pais e deixei um fio de urina escorrer sobre um dos dois tubinhos de plástico da embalagem. O vidro fosco da janela do banheiro não deixava entrar a luz da tarde, e o pequeno espaço, totalmente ocupado pelos vasos de rosas secas e potes de quinquilharias, parecia escuro, mesmo com a luz acesa. Pisquei para examinar o resultado. Uma linha rosa apareceu, depois duas. Chequei as instruções da caixa para ver se estava interpretando corretamente. Uma linha queria dizer não grávida, duas queriam dizer grávida, um simbolismo que, sem dúvida, fazia sentido. Antes do resultado, a pessoa achava que era uma, de repente eram duas.

Encostei-me na pia, me agarrando na torneira para me manter em pé. *Meu pai estava morrendo e eu estava grávida.* As duas coisas me atingiam como fatos irreais, impossíveis.

Segurando o cilindro plástico agora úmido, sentei no chão e solucei. Estava com receio de perder o meu pai e também afetada por um tipo diferente de medo: pânico de ter um bebê. Tudo de repente se misturava na minha cabeça e me levava aos lugares mais escuros. Seria a época certa? Haveria complicações? Eu iria morrer? O bebê iria morrer? Eu e o bebê iríamos morrer? Meu pai morreria antes de morrermos? Ou morreríamos todos ao mesmo tempo?

Por outro lado, trazer um bebê ao mundo parecia ser qualquer coisa *menos* morte. Era um enorme salto de fé no futuro, um reconhecimento de que alguém, de alguma forma, continuaria a existir.

Tinha de falar com meu marido. Procurei meu celular às cegas na bolsa e disquei seu número.

— Adivinhe — soltei. — Estamos grávidos.

Em outras circunstâncias, eu poderia ter corrido de volta para casa, saudando-o no aeroporto com um buquê de rosas destinado ao "papai". Ou o teria provocado ao telefone, forçando-o a arrancar a notícia de mim. Mas não havia outro jeito de fazer isso nesse dia em particular. Porém, evitei contar-lhe sobre meu pai. Talvez não quisesse ouvir a mim mesma falar sobre isso. Ou talvez não quisesse estragar seu entusiasmo, ter esses dois pedaços de informação colidindo de repente contra ele, assim como contra mim.

— Grávidos? Que maravilha! — Meu marido festejou alto. Eu podia imaginar seu sorriso calmo, tranquilizador, mais aberto com a alegria. — Não acredito! — gritou, depois que a ficha caiu mais um pouco. — Vamos ser pais!

Além do meu marido, decidi não contar a ninguém sobre o bebê nos próximos dias, nem mesmo para meus pais. Naquele fim de semana, meu irmão Kelly, um músico e programador de computador, que de todos nós era o que mais se parecia com meu pai, viria de sua casa em Lancaster, Massachusetts, para uma visita. Todos nós precisávamos nos concentrar numa estratégia familiar para lidar com o diagnóstico de meu pai, e não conseguiríamos se todo mundo se distraísse com o bebê. Além disso, eu não poderia ter ambas as realidades plenamente na cabeça ao mesmo tempo, não conseguiria achar as palavras para expressar os dois fatos. Fechei os olhos e prendi a respiração, forçando-me a recitar como um mantra: *Meu pai está morrendo e eu estou grávida.*

Saí do banheiro e liguei para meu irmão caçula, Karl, na empresa de corretagem na qual trabalha. Contei-lhe o que o dr. Padman tinha dito, e imediatamente começou uma discussão: será que o médico deveria ter me contado sobre o prognóstico do meu pai e não ter dito nada a ele? Na melhor das hipóteses, achava Karl, era desrespeitoso e talvez até antiético.

— É esquisito. — Karl parecia furioso: comigo, com o médico, com o diagnóstico, com a doença. — Ele não tem o direito de compartilhar com você a informação que está ocultando de papai.

Pensei que talvez não devesse ter ligado para ele no trabalho. Deveria ter esperado até que voltasse para casa. Sempre havia muita coisa acontecendo em seu trabalho. Sempre havia gente aparecendo, seu telefone não parava de tocar. Provavelmente estava sob pressão. Eu lhe jogara aquilo do nada, contara-lhe depressa demais e ele não havia tido opção a não ser reagir daquele jeito, de cara.

De nós quatro, meus irmãos Karl e Bob, que moravam a poucos quarteirões da casa dos meus pais em East Flatbush, tinham mais contato com meu pai. Eles, mais do que qualquer um, a não ser minha mãe, teriam de vê-lo morrer.

— Você vai dizer a papai o que o médico falou? — perguntou, com a voz ríspida e firme.

— Não — respondi, igualmente dura.

Não havia decidido até aquele momento que não teria essa conversa com meu pai. Talvez Karl ou meus outros irmãos pudessem, ou até mesmo minha mãe, mas eu sabia que não conseguiria fazer isso. Achei que estava ficando do lado do dr. Padman. Para que contar a papai? Ele provavelmente ficaria abatido, desesperado, deprimido. Por outro lado, ele era um homem religioso. Talvez recusasse completamente o prognóstico, chamasse-o de mentiroso e não acreditasse nem um pouco nele. Contudo, não achava que poderia contar-lhe. Talvez fosse covardia, mas não poderia.

— Temos que contar a papai o que o médico falou — insistiu Karl. — Ele precisa saber. Tem o direito de saber. Você não ia querer saber?

Claro que eu ia querer saber. Concordei com ele a princípio. Mas de repente pensei: se meu pai descobrisse de algum outro jeito, ele interpretaria o fato de tanto o médico como eu não termos lhe contado como um sinal de que as coisas estavam ainda piores do que eram na realidade?

Naquela tarde, antes de meu pai voltar para casa, enquanto minha mãe preparava o jantar dele, contei-lhe uma versão suavizada do que o dr. Padman havia me dito.

— O médico não acha que ele está bem — disse, enquanto ela cortava uma abóbora pequena e despejava os pedaços numa panela de água fervente para fazer um cozido. — O médico disse que ele pode não se recuperar.

Fiquei repetindo sem necessidade a palavra "médico", como para afirmar que eu era a mensageira, não a fonte.

Minha mãe, segurando a tampa da panela, apagou os queimadores do fogão, serviu-se de um copo de água da torneira que vazava na pia e se sentou na minha frente, à mesa vazia da cozinha.

— Eu sabia que era uma coisa ruim — disse, massageando com os dedos os lados de sua cara redonda. Sua voz era baixa, lenta, quase um sussurro. — Ele parece estar se desfazendo.

O que ela cozinhou naquela noite era uma versão muito mais simples do que planejara originalmente, uma sopa rala de abóbora em vez de um cozido completo. Mas a sopa ficou intocada. Nenhum de nós tinha vontade de comer.

Alguns dias depois, a associação de diáconos da igreja do meu pai organizou o *brunch* anual de aniversário num restaurante chinês estilo bufê coma-quanto-quiser na Ralph Avenue, em Canarsie, no Brooklyn. O terno marfim do meu pai estava tão folgado nele que, quando o vestiu de manhã, teve que fazer mais dois buracos no cinto, que, apertado, parecia pele cicatrizada.

Arrastando seu corpo descarnado entre as mesas para cumprimentar dúzias de velhos amigos, ele parecia animado e jovial, mas depois de cada aperto de mãos e de uma breve conversa, tinha que apoiar a mão no ombro de alguém para descansar.

Quando acabou a série de cumprimentos, ele encheu um prato de asinhas fritas de frango, que deixou intactas. Quando tossia, alguns dos membros da igreja vinham e seguravam sua mão. Outros insistiam para que fosse para casa. Podiam ter boa intenção, mas ele se sentiu rejeitado. Como se eles não o quisessem perto da sua comida.

Naquela mesma tarde, meu irmão Kelly chegou de Massachusetts, então meu pai decidiu fazer uma reunião de família. Esse encontro, como todos os anteriores do meu pai, foi uma coisa bem formal. Enquanto nos sentávamos em volta da comprida mesa de jantar de carvalho dos meus pais, cercados pelos enfeites de porcelana rebuscados, com cara de antiguidade, mas novos em folha, e pelas fotos ampliadas das nossas formaturas, casamentos e Natais, meu pai foi direto ao assunto.

— A razão deste encontro — anunciou — é discutir o que vai acontecer com a mãe de vocês quando eu me for.

Meu pai estava sentado na sua cadeira de sempre na ponta da mesa. Minha mãe estava na outra ponta, de frente para ele. Eu estava à esquerda dele, à direita dela, com Karl, que, com 1,82 metro, era o mais alto de todos nós. Kelly e Bob, os filhos do meio, como eu gostava de chamá-los, estavam do outro lado. Estávamos todos surpresos e calados com o que meu pai dissera, tanto aqueles que pensavam que deveríamos contar-lhe o que o médico dissera (Karl e Kelly) quanto os que achavam que não. Claro, o paciente sempre sabe. Meu pai deve ter desconfiado até antes do médico. Afinal, ele habitava o corpo que estava decaindo.

— Não vou melhorar. — Meu pai cobriu o rosto com as mãos, então as afastou como se estivesse abrindo um livro. — E, quando uma pessoa está doente, vai melhorar ou vai morrer.

Disse isto tão casualmente e com tão pouca tristeza que a minha angústia sumiu por um instante.

— O que você gostaria que acontecesse quando eu me for? — perguntou, olhando diretamente para minha mãe. — Você quer ficar nesta casa ou vendê-la e comprar um apartamento?

— Não vou a lugar nenhum — disse minha mãe, desafiadoramente.

Um fio de suor surgia sobre seus lábios enquanto ela falava. Gostei da sua pouca disposição de embarcar para um mundo desconhecido, de buscar outra vida, além daquela do seu marido.

— A casa pode ficar grande demais para que você more sozinha nela — continuou meu pai, prosaicamente. — Alguém precisa se mudar para junto de você.

Fiquei com meus olhos fixos na proteção de plástico que cobria a toalha de mesa bordada com hibiscos da minha mãe. Será que meu pai queria nos preparar? Deixar-nos à vontade? Mostrar-nos que não deveríamos nos preocupar com ele ou tentar nos dizer que estava pronto para o que viesse?

— Papai. — Bob esfregou os olhos com seus punhos fechados, então levantou as mãos para atrair a atenção do meu pai. Enquanto eu olhava a toalha, ele chorava. — Papai, posso perguntar uma coisa? — As lágrimas escorriam pelo rosto dele. Ele era, sem dúvida, o mais corpulento e emotivo dos meus três irmãos. Karl era o de maior bom senso, e Kelly, o mais reservado.

— Qual é a pergunta? — disse meu pai, com seus olhos ficando úmidos, embora estivesse fazendo o possível para conter as lágrimas.

— Você aproveitou sua vida? — perguntou Bob, fazendo uma pausa após cada palavra, como para avaliar seu peso e significado.

Levantei a cabeça de novo, absorvendo o silêncio que também se seguiu a essa pergunta, a espécie de quietude que, de repente, obriga você a prestar atenção a uma porção de coisas não relacionadas ao seu redor: a casca da mosca morta apanhada na tela da janela, as marcas de dedos no plástico sobre a toalha da mesa, o tique-taque de um relógio enorme na sala vizinha, o desejo insistente de que qualquer coisa, inclusive uma explosão, aconteça e interrompa aquela calma.

— Não sei o que dizer sobre isso. — Meu pai tomou fôlego, o que exigia bastante esforço dele, e isso resultou numa contorção do seu rosto, que parecia uma careta. — Eu não... não consigo... lembrar de cada momento. Mas o que posso responder é isto: não aproveitei no sentido de festas e glória. Não conheci uma porção de lugares e não fiz muitas coisas, mas tive uma boa vida.

Meu pai continuou enumerando o que considerava suas maiores realizações: Kelly, Karl, Bob e eu, assim como seus três netos: Ezekiel, de 5 anos, e Zora, de 2, filhos de Karl, e Nadira, de 5 anos, filha de Bob.

— Vocês, meus filhos, não me envergonharam — continuou. — Tenho orgulho disso. Poderia ter sido muito diferente. Edwidge e Bob, sua mãe e eu deixamos vocês oito anos no Haiti. Kelly e Karl, vocês cresceram aqui, num país que sua mãe e eu não conhecíamos muito bem quando os tivemos. Vocês todos poderiam ter se tornado maus, mas não se tornaram. Dou graças a Deus por isso. Dou graças a Deus por todos vocês. Dou graças a Deus por sua mãe. — Então, olhando de volta para Bob, acrescentou: — Sim, pode-se dizer que aproveitei a vida.

Ouvindo meu pai, lembrei-me de uma época em que costumava sonhar que roubava palavras dele. Eu tinha 8 anos, Bob e eu morávamos no Haiti com seu irmão mais velho, meu tio Joseph, e sua mulher. Como não tínhamos telefone em casa — poucas famílias haitianas tinham na época — e o acesso às centrais telefônicas era caro, nossa única opção era escrever cartas. Todo mês, meu pai mandava uma carta de meia página, com três parágrafos, endereçada a meu tio. Escritas na sua caligrafia miúda, às vezes em papel branco sem pauta, outras vezes pautado, com furos, ainda mostrando pedaços do papel rasgado na espiral, as cartas do meu pai eram escritas em francês formal, com o primeiro parágrafo dando notícias da saúde dele e da minha mãe, o segundo detalhando como gastar o dinheiro que mandaram via telégrafo para despesas de alimentação, moradia e escola para mim e Bob, a terceira parte concluindo ab-ruptamente depois de garantir que logo teríamos notícias dele.

Mais tarde, numa aula de redação no primeiro ano de faculdade, descobri que suas cartas eram escritas num modelo losângico, a *Poética* aristotélica da correspondência, que exigia uma saudação de abertura, uma enunciação ou pedido no meio e uma despedida breve no fim. O processo de escrita de cartas foi uma tarefa muito angustiante para meu pai, algo que ele fazia enquanto se esforçava para juntar o dinheiro da nossa sobrevivência, a ponto de sua fórmula epistolar específica, que seguiu inconscientemente, dar-lhe uma maneira confortadora de disciplinar suas emoções.

— Eu não era escritor — disse-me depois. — O que eu queria dizer a você e ao seu irmão era grande demais para um pedaço de papel e um envelope pequeno.

Qualquer contenção que meu pai mostrasse nas suas cartas era facilmente compensada pelas reações de meu tio Joseph a elas. Primeiro, havia a leitura pública na sala de visitas rosada e pouco mobiliada do meu tio, na frente de Tante Denise, Bob e eu. Isso era feito para que não houvesse mal-entendidos sobre como seria gasto o dinheiro que meus pais mandavam para mim e meu irmão. Geralmente meu tio lia as cartas em voz alta, fazendo pausas aqui e ali para pedir minha ajuda com a letra de meu pai, uma gentileza, eu pensava, um modo de me incluir um pouco mais. Logo se tornou óbvio, porém, que a caligrafia do meu pai era tão clara para mim como a minha própria, então acabei recebendo a tarefa de decifrar as cartas dele.

Com esse trabalho vinham alguns minutos de preparação para a leitura e, assim, uns poucos momentos íntimos com as cartas do meu pai, não só com as palavras e as frases, que não variavam muito de mês a mês, mas com as vogais e as sílabas, suas inclinações e direções, que mudavam. Como ele escrevia muito pouco, eu tentava adivinhar seus pensamentos e estado de espírito pelo lugar onde ele fazia o ponto nos seus is e onde ele cortava seus tês, onde havia parágrafos reais no fim de suas frases ou apenas pontos fracos nos quais a ponta da caneta apenas aterrissara. As vírgulas dividiam suas frases contínuas, ou eram um stacatto, como alguém falando depressa demais, sem fôlego?

Para as leituras em família, eu recitava as cartas do meu pai de modo monótono, valorizando o que interpretava como um segredo entre nós, pois o estilo impessoal da correspondência era devido tanto à sua falta de fé nas palavras e na capacidade delas de reproduzir exatamente suas emoções quanto a seu cuidado com os sentimentos de Bob e os meus, evitando notícias felizes demais que poderiam aumentar a angústia da separação, notícias demasiadamente tristes que poderiam nos preocupar e qualquer insinuação de julgamento ou desaprovação em relação a minha tia e meu tio, o que eles poderiam interpretar como sugestões de que não estavam nos tratando bem. As cartas desapaixonadas eram seu modo de evitar um campo minado, do qual ele estava distante, sem poder confortar as vítimas.

Devido a toda essa ansiedade, eu me surpreendia com que meu pai escrevia. A regularidade, a consistência de sua correspondência parecem-me agora um ato de coragem. Pelo contrário, minhas respostas, embora menos rotineiras — tio Joseph escrevia a maior parte —, eram diligentemente exageradas e suplicantes. Nas minhas cartas, eu me vangloriava de minhas boas notas e pedia, como recompensa, uma boneca americana no Natal, uma máquina de escrever ou de costura no meu aniversário, um par de brincos de ouro "verdadeiro" na Páscoa. Mas as coisas que eu realmente queria tinha medo de perguntar, como quando veria, afinal, ele e minha mãe. Contudo, já que meu tio lia e corrigia todas as minhas cartas, os erros de gramática e de ortografia, eu escrevia mais para seus olhos do que para os do meu pai, esperando que mesmo depois dessa edição rigorosa ele ainda conseguisse decifrar a saudade nas inclinações e arcos do meu cursivo infantil, que se parecia tanto com o seu.

Nunca surgiram as palavras que meu pai e eu queríamos trocar. Essas cartas não seriam aprovadas, no caso dele, por ele mesmo, e em meu caso por meu tio. Fosse por que fosse, sempre ficamos igualmente paralisados pelo medo de partir o coração um do outro. Por isso nunca poderia fazer a pergunta que Bob fez. Também nunca poderia dizer ao meu pai que o médico me contara que ele estava morrendo. Mesmo quando não tinham importância, havia coisas que ele e eu tínhamos medo de dizer.

Alguns dias depois da reunião de família, meu pai ligou para meu tio Joseph no Haiti, para saber como ele estava. Era quinta-feira, 15 de julho de 2004, o 51º aniversário de Jean-Bertrand Aristide, o presidente duas vezes eleito e duas vezes deposto do Haiti. Afastado do poder em fevereiro de 2004, por uma ação política conjunta da França, do Canadá e dos Estados Unidos, Aristide agora estava passando seu aniversário no exílio, na África do Sul. Porém, os residentes em Bel Air, o bairro onde eu cresci e onde meu tio Joseph ainda morava, não o haviam esquecido. Junto a outros partidários de Aristide, marcharam, cerca de 3 mil deles, pela capital haitiana para pedir sua volta. A marcha fora quase pacífica, a não ser pelo fato de que, segundo os noticiários da televisão a que meu pai e eu assistimos juntos naquela noite, dois policiais foram baleados. Meu pai ligou para meu tio, como fazia toda vez que algo parecido acontecia no Haiti. Estava sentado na cama, a cabeça apoiada em dois travesseiros firmes, o rosto voltado para a janela do quarto, o que lhe dava uma visão oblíqua de um poste de luz da rua próxima.

— Tem certeza de que ele está dormindo? — meu pai perguntou a quem quer que tenha atendido o telefone na casa de meu tio em Bel Air.

Meu pai tapou o fone com a mão, virou o rosto para mim e cochichou: "Maxo."

Percebi que ele estava falando com o filho de tio Joseph, Maxo, que deixara o Haiti no começo dos anos 1970 para fazer faculdade em Nova York, retornando em 1995. Embora eu tivesse passado a maior parte da minha infância com Nick, o filho de Maxo, não conhecia este tão bem.

— Você não acha que já é hora de o seu pai se mudar de Bel Air? — meu pai perguntou a Maxo.

Ao desligar, pareceu desapontado por não ter conseguido falar com o tio Joseph. Ao longo dos anos, isso foi um tema delicado entre meu pai e meu tio: meu pai queria que meu tio se mudasse para outra parte, qualquer parte, do Haiti, e meu tio se recusava inclusive a pensar no assunto. Agora imaginava meu pai querendo falar com o irmão para deixar Bel Air, mas desta vez não pelas razões que ele geralmente apresentava — os protestos constantes, as batidas da polícia e as guerras de gangues que o deixavam sempre preocupados —, e sim porque estava morrendo e queria que seu irmão mais velho estivesse em segurança.

Escrevo estas coisas agora, algumas como as testemunhei e recordo hoje, outras a partir de documentos oficiais, bem como baseada em lembranças compartilhadas de membros da família. Mas a essência delas foi contada a mim ao longo dos anos, em parte por meu tio Joseph, em parte por meu pai. Algumas contadas de qualquer jeito, apressadamente. Outras, com mais detalhes. Ouvi-as fora de sequência e fragmentadas. Esta é uma tentativa de coesão e de recriar alguns poucos meses maravilhosos e terríveis, quando suas vidas e a minha se cruzaram de maneira espantosa, forçando-me a olhar para a frente e para trás ao mesmo tempo. Só estou escrevendo isto porque eles não puderam.

Irmão, estou morrendo

Algo aconteceu na primeira vez que meu tio Joseph encontrou sua mulher, em maio de 1946. Era o começo da aurora, numa manhã cinzenta sobre os morros verde-azulados de Beauséjour. O sol subia lentamente, ardendo por entre a neblina que se misturava com as nuvens sobre as montanhas mais altas. Meu tio, de rosto oval, com o cabelo em bico de viúva, de bigode e atarracado como foi a maior parte da vida, voltava pelo caminho sinuoso que dava no povoado onde ele, seus pais e cinco irmãos e irmãs mais novos moravam, com a feira no vale abaixo. Saíra da fazenda dos pais com uma mula carregada de cenouras, tanchagens e ervilhas guandu recém-colhidas que planejava vender na feira. Atrasado, batia no traseiro da mula de vez em quando, fazendo-a apressar o passo, o que não estava dando muito certo. A mula estava cansada e parecia querer parar e cheirar cada tufo de grama orvalhada e pedra enlameada que encontrava no caminho.

Tio Joseph estava cada vez mais irritado quando viu uma moça no mesmo caminho. Com suas maçãs do rosto altas e lábios cheios, parecia uma modelo de calendário ou uma rainha de Carnaval. Usava um vestido fino de algodão, que parecia colado a ela pela água que ainda restava em seu corpo do banho matinal que acabara de tomar num riacho próximo. Na cabeça, tinha uma cabaça marrom, fechada com um pedaço de casca seca de milho. A cabaça estava sobre um pedaço de pano, enrolado em círculos para formar uma base. Ignorando a mula, ele parou para vê-la. Era uma das mulheres mais bonitas que havia encontrado nos seus 23 anos. Como é que não a vira nas suas andanças de ida e volta ao mercado?

Sem controle, a mula entrou num jardim próximo e derrubou algumas das mercadorias do meu tio. A moça foi a primeira a notar o animal desembestar por uma fileira de pequenos cacaueiros. Correndo em frente, ela foi em direção à mula. Com o corpo se movendo na corrida, os braços sacudindo com toda força, deixou cair a cabaça cheia de água, que se quebrou.

Meu tio ofereceu-se para pagar a peça. Ela insistiu que não era preciso, mas ele a convenceu de que pagaria alguns centavos, um pouco mais do que valia a cabaça.

— Então começou uma conversa entre mim e Denise — contou-me mais tarde meu tio. — Depois disso, toda vez que eu ia à feira, tinha de vê-la. Conversamos e conversamos por alguns meses, e então partimos para a ação.

A ação foi avisar às suas famílias, no começo de 1947, que estavam se mudando juntos para a capital. A irmã mais velha dele, minha tia Ino, já morava em Bel Air, um bairro alto com vista para o porto de Porto Príncipe, e decidiram morar lá.

Apesar de não terem se casado, compraram juntos um pedaço de terra e construíram uma casa de alvenaria de três quartos, encimada por um telhado de metal corrugado. A casa tinha uma varanda grande na frente que se estendia para a viela que fazia curva na direção da rua principal, a Tirremasse. Toda a casa era pintada de salmão, por dentro e por fora, com exceção do chão, que era coberto de lajotas de terracota.

A colina em Bel Air em que a casa foi construída havia sido o local de uma batalha famosa entre abolicionistas mulatos e colonizadores franceses que controlavam a maior parte da ilha desde 1697 e importavam negros africanos para trabalhar como escravos nas plantações de café e açúcar. Um século depois, escravos e mulatos se uniram para mandar os franceses embora e, em 1º de janeiro de 1804, formaram a República do Haiti.

Mais de um século depois, quando começava a Primeira Guerra Mundial e os franceses, ingleses e alemães, que controlavam a navegação internacional do Haiti, juntaram seus navios de guerra para proteger seus interesses, o presidente Woodrow Wilson, cujos interesses incluíam entre outros a United Fruit

Company e 40 por cento das ações do banco nacional do Haiti, ordenou uma invasão. Quando os fuzileiros navais americanos desembarcaram no país em julho de 1915 pelo que seria uma ocupação de 19 anos, guerrilheiros haitianos, chamados Cacos, organizaram ataques contra as forças americanas a partir de Bel Air. O lugar também se vangloriava de ter uma das mais antigas e bonitas catedrais do Haiti, bem como uma das melhores escolas públicas para meninos, o Lycée Pétion, assim chamado por causa de Alexandre Pétion, um dos líderes da batalha pela independência contra os franceses e mentor de Simón Bolívar, da Venezuela.

Quando se mudou para Bel Air, meu tio conseguiu um emprego como vendedor na loja de tecidos de um emigrado sírio no centro de Porto Príncipe. Ali, fez amizade com um vendedor, um emigrado cubano chamado Guillermo Hernandez, que logo se tornou seu melhor amigo. Poucos meses mais tarde, meu pai, então com 12 anos, deixou Beauséjour e se mudou para a capital a fim de estudar. Minhas tias Zi e Tina e meu tio Franck se juntaram a eles, com meus avós, Granpè Nozial e Granmè Lorvana, que foram morar com Tante Ino, a irmã mais velha. Estimulados por meu tio, quase todo mundo que conheciam agora morava em Bel Air. Ele e Tante Denise ampliaram a casa até ela ter seis quartos, todos cor-de-rosa. Então, quando nasceu o filho, Maxo, em 1948, havia espaço para ele. E, em 1952, também havia espaço para Guillermo Hernandez, seu amigo cubano, quando sua esposa haitiana morreu, deixando-o com um bebê de seis meses para criar sozinho. Foi Guillermo que pediu a meu tio e a Tante Denise para que cuidassem da sua filha, Marie Micheline, a fim de que ele pudesse viajar em visita a Cuba, uma viagem da qual nunca retornou.

O herói de tio Joseph nos anos 1950 era um político chamado Daniel Fignolé. Tio Joseph gostava de contar sobre quando Fignolé, um jovem legislador, foi ao hospital público em Porto Príncipe e achou pacientes pobres deitados no chão, enquanto os ricos se recuperavam nos leitos; ele obrigou-os a sair das macas e as concedeu aos pobres. Logo depois de o meu tio mudar-se para Bel Air, Fignolé fundou o Partido dos Operários e Camponeses (Mouvement

Ouvriers-Paysans), para o qual meu tio entrou. Durante anos, ele e Tante Denise abriram sua casa aos simpatizantes de Fignolé para reuniões regulares, que eram animadas com bastante bebida caseira — kleren — e comida preparada por Tante Denise, que todos no grupo concordavam ser uma das melhores cozinheiras de Bel Air. Quando era hora de se dirigir às cerca de cinquenta pessoas que se reuniam na sua sala de visitas cor-de-rosa, mantida com pouca mobília para abrigar o maior número possível de fignolistas, que muitas vezes traziam suas próprias cadeiras, ele seguia a vigorosa e direta dicção crioula de Fignolé e falava com uma voz grave, clara e poderosa, só se permitindo algumas pausas bem escolhidas.

— Lutamos desde que nos tornamos um país independente, em 1804 — meu tio recordava. — Certas pessoas acham que, para o país progredir, só a minoria rica precisa ser bem-sucedida. Este país não pode ir em frente sem a maioria. Sem nós.

Nada que fosse mudar o mundo, mas ele se considerava mais um discípulo do que um líder. Tudo o que precisava fazer era repetir uma das frases favoritas de Fignolé para conseguir aplausos.

Nos seus discursos para o grupo, meu tio às vezes evocava seu pai, Granpè Nozial, que participara da resistência guerrilheira contra a invasão americana e que frequentemente estava longe de casa, lutando em uma batalha que ele evitava da melhor maneira possível que chegasse até seus filhos pequenos. Granpè Nozial deixava ao meu tio, o mais velho, embora ainda uma criança, a tarefa de cuidar da sua mãe e de seus irmãos às vezes por semanas e meses. Cada vez que seu pai saía para uma campanha, meu tio receava que ele pudesse nunca voltar, como os milhares de guerrilheiros haitianos que foram mortos pelos americanos e cujos cadáveres eram amontoados em estradas e parques públicos para desencorajar outros.

— Os homens da geração do meu pai lutaram com toda força — declarava meu tio com uma voz cuidadosamente modulada ao falar para os fignolistas que se apinhavam na sua sala de visitas, inclusive seu pai, Granpè Nozial, que, agora viúvo e parecendo mais velho que os seus 65 anos, se sentava de ombros caídos, com seu corpo outrora forte, agora abatido e gasto, com a cabeça indo para a frente e para trás, quando ele cochilava na primeira fileira.

"Mas esses homens", ele continuava, "usavam principalmente suas mãos e armas antigas. Usavam velhas Krags, estilingues, machetes e lanças. Usavam as armas que poderiam conseguir ou criar. Nós queremos lutar com nossas mentes. É aí que reside a força verdadeira."

Nessa época, o presidente do Haiti era Paul Magloire, um general do Exército que derrubara dois de seus predecessores. Apelidado Kanson Fé, ou Calças de Ferro, devido a um discurso no qual declarava que precisava pôr "calças de ferro" para tratar dos desordeiros, estampara a capa da revista *Time* de 22 de fevereiro de 1954 usando todas as condecorações militares douradas sobre uma legenda, em que se lia: "PAUL MAGLOIRE, O PRESIDENTE DO HAITI. Sua magia negra: estradas, represas, escolas."

Em 1956, Magloire renunciou após uma greve nacional devido, entre outras coisas, à insatisfação crescente com seus gastos extravagantes. Além de estradas, represas e escolas, como se soube, ele gastava montes de dinheiro em festas luxuosas, visitas oficiais e caríssimas reencenações de famosas batalhas haitianas, sobretudo para divertir a si mesmo e a um pequeno círculo de amigos da mesma laia. Fignolé era um dos muitos que estavam numa vacilante linha de sucessão para eventualmente ocupar o seu lugar. Em 25 de maio de 1957, quando Fignolé fazia seu juramento para o cargo, meu tio e meu pai estavam na multidão maciça que acenava para o palácio nacional, dançando para festejar. Contudo, apenas 19 dias depois, Fignolé foi deposto pelo Exército e forçado a ir para o exílio. François "Papa Doc" Duvalier assumiu então a presidência. Tante Denise acordou na manhã seguinte para ver tio Joseph soluçando na cama. (Meu pai, então com 22 anos, não lembra as suas reações a tudo isso; só a do meu tio, que estava "triste".)

Antes da queda de Fignolé, meu pai havia pensado brevemente em disputar um cargo político, fosse como deputado por Bel Air, fosse como prefeito de Porto Príncipe. Depois da derrubada de Fignolé, percebeu como podia ser precário o poder político e abandonou qualquer intenção de fazer parte dele.

Sentindo um vazio ideológico, tio Joseph entrou para uma congregação batista à qual pertencia um de seus amigos, usando o tempo que gastaria em protestos e discursos para ir à igreja. Os batistas ofereciam a promessa de uma vida pacífica e estável. Proibiam tantas coisas, inclusive fumar e beber, que era difícil um jovem se meter em encrencas. Os batistas também proibiam o casamento não religioso, então, depois de uma década juntos, quando seu filho Maxo completou 10 anos, ele e Tante Denise finalmente se casaram numa cerimônia na igreja, depois da qual ele se tornou diácono. Em seguida, inscreveu-se num curso de treinamento para futuros pastores e, quando fazia o curso, ficou amigo de um grupo de missionários americanos que iam regularmente ao Haiti. Estava ansioso para abrir sua igreja e uma escola. Ainda suspeitava dos americanos, pelas suas lembranças da ocupação dos Estados Unidos, mas os missionários procuravam estabelecer um projeto na sua região e, sem ter muito o que fazer pessoalmente, propôs sua ideia a eles, que lhe deram algum dinheiro para ajudar na construção, nos quadros-negros, bancos, e contribuíram mensalmente para um programa de almoço gratuito dos estudantes.

Meu tio comprou outro pedaço de terra em Bel Air e passou suas noites projetando e depois construindo sua igreja. Quando o prédio foi levantado, ele visitava o local diariamente, tanto antes como depois do seu expediente na loja de tecidos. Empilhava tijolos e misturava cimento, pregava madeira com os operários. Queria sentir que investia mais do que seu coração e sua mente, que estava investindo suas mãos e seus pés, seu trabalho também. Como acreditava que a igreja o redimira, salvando-o de uma série de opções potencialmente perigosas, chamou-a de L'Eglise Chrétienne de la Redemption, a Igreja Cristã da Redenção. Ele esperava redimir outros também com aquele estreito edifício de telhado de frontões, que servia de sala de aula e lanchonete durante a semana.

Como uma criança que viveu nessa casa desde os 4 até os 12 anos, lembro-me da voz do meu tio áspera e alta, profunda e decidida, sem fôlego e estridente quando ele estava com raiva, baixa e dura quando ele estava triste. Quando começou a proferir sermões, meu pai lembrou, sermões que exigiam que ele expressasse uma ampla gama de emoções em uma hora ou menos, meu tio causava a mesma reação tanto sobre as cerca de cem pessoas que frequentavam sua igreja quanto sobre aquelas que lotavam sua sala de visitas para ouvi-lo falar sobre Fignolé. Muitas delas eram realmente as mesmas pessoas e se surpreendiam, agora na igreja, com o tanto de paixão que ele podia lhes inspirar.

— Seu estilo de pregar era muito direto — lembrou meu pai. — Falava um bocado sobre amor. O amor de Deus, o amor que deveríamos ter uns pelos outros. Ele sabia todos os versículos do amor. Às vezes, eu fechava os olhos e pensava se desejaria ouvi-lo se ele não fosse meu irmão, e tinha de dizer sim. Sim, ele teria sido um grande político, mas meu irmão era um pastor ainda melhor.

Contudo, em um dia de novembro de 1977, enquanto pronunciava um longo sermão para comemorar o aniversário da igreja, a voz do meu tio começou a falhar, depois a esganiçar. Ele desafinava como um menino adolescente num instante, e só conseguia gemer no seguinte. Sua garganta e as gengivas latejavam e doíam. No dia seguinte, foi até o dentista local, que decidiu que precisava extrair todos os dentes de meu tio e substituí-los por dentaduras.

Sua voz não melhorou mesmo depois de os dentes terem sumido, então ele foi a vários outros médicos. Eles não conseguiram descobrir nada de errado, então ele foi a herboristas, exatamente como fizeram antes dele seus pais e avós. Afinal, ele era um garoto do interior — *nou se moun mòn* — e fora tratado com raízes e folhas a maior parte da vida. Mas os herboristas também ficaram perplexos. Enquanto isso, a voz dele enfraqueceu e sua garganta continuou a doer.

Certa tarde, na primavera de 1978, ele estava ouvindo rádio quando falaram sobre um hospital no sul do Haiti que era associado a uma estação de rádio, a Lumière. Alguns médicos americanos estavam chegando ao hospital e qualquer um que quisesse uma consulta seria bem-vindo. Meu tio foi ao encontro deles.

Depois de um dia de viagem lenta e difícil por estradas esburacadas e cheias de pedras, o caminhão em que ele estava quebrou no início da noite. Perto da cidade de Gros Marin, ele andou até uma casinha de dois cômodos de frente para uma estrada e perguntou a uma lavradora se poderia passar a noite no chão de terra batida. O rápido sim, tão típico dos homens e mulheres do interior haitiano, fez com que ele se lembrasse da infância. Deitado na sala da mulher, sobre uma esteira de folhas de palmeira e com um dos melhores lençóis dela, ele pensou em uma infância de trabalho nos campos e nas salas de aula cobertas com folhas de palmeira, sem paredes nem portas, em que aprendia suas lições, sentado no chão. Pensou num pai magro, mas duro, cujos braços eram tão fortes por causa de uma vida de trabalho na fazenda e de luta que podiam deixar qualquer um inconsciente com um tapa sem nem olhar na sua direção. Pensou nos fuzileiros navais americanos vestidos de cáqui, que, como lhe contaram, emboscavam guerrilheiros resistentes como seu pai no meio da noite com o rosto pintado de preto. Os americanos restabeleceram os trabalhos forçados para construir pontes e estradas e retiraram homens vigorosos como seu pai e meninos como ele das suas casas. Deviam se dar por felizes por terem sido poupados. Estava tão decidido que não seria levado que, sempre que Granpè Nozial não estava em casa, ele dormia com um machete bem afiado sob o travesseiro.

Na manhã seguinte, meu tio foi acordado sobressaltado do seu sono pelo barulho de uma vassoura de sisal passando pelo pátio cercado de cactos da mulher. Esse som suave e o aroma de café fresco ajudaram a afastar seu susto, enchendo-o de esperança. A mulher deu-lhe uma bacia esmaltada cheia de água fria para que ele lavasse o rosto e um punhado de hortelã para escovar as dentaduras, que ela julgou serem os dentes dele. Depois, ela lhe deu um pedaço de pão com buracos, que parecia ter sido feito com massa espetada por uma dúzia de furadores de gelo. O pão estava cuidadosamente embrulhado num pedaço de musselina e repousava em uma travessa que cobria uma xícara de metal cheia de café escuro e doce. Sua fome apertou, ele pegou o pão e molhou no café. Agradeceu à mulher por sua gentileza e hospitalidade e, com o ar ainda frio da noite e o sol ainda baixo no céu, continuou seu caminho.

Teve de esperar muito no pátio do hospital. Centenas de pessoas se aglomeravam ali, acocoradas nos cantos sombreados do edifício de concreto, agachadas sob as grandes amendoeiras, esperando. Ele estava com homens e mulheres que tinham tuberculose, malária, tifo e outros males não tão facilmente reconhecíveis. Levara boa parte da manhã andando da casa da mulher em Gros Marin até o hospital em Bonne Fin. Esperou sob o sol quente com os outros até o meio da tarde, agora suado, faminto e sedento, torcendo para que não fosse mandado embora.

Enfim, ele foi atendido por uma enfermeira e colocado entre os casos menos urgentes. Quando chegou sua vez, um dos médicos visitantes, um homem branco alto, apertou sua língua para baixo com uma madeira fina e lhe disse que vira uma saliência no alto de sua laringe. A saliência poderia ser um tumor, explicou o doutor, usando um intérprete, e se não fosse retirada poderia, eventualmente, bloquear suas vias aéreas e sufocá-lo. Ele queria fazer uma biópsia imediatamente.

— O senhor pode tirá-la? — perguntou meu tio.

— Agora só faremos a biópsia — explicou o intérprete. — Vamos tirar um pedaço, não tudo, mas quando a saliência toda for extraída o senhor poderá perder a voz.

Espantado, meu tio perguntou de novo, só para ter certeza:

— Vou perder a voz hoje?

— Só faremos a biópsia hoje — repetiu o médico.

Antes de o meu tio poder perguntar o que era uma biópsia, o intérprete, um médico haitiano, acrescentou:

— Você precisa deixá-los cortar um pedaço da saliência na sua garganta para que examinem se é câncer. Pode ser sua única chance.

Durante a biópsia, para a qual não deram mais anestesia a meu tio do que se ele fosse arrancar um dente, ele abriu tanto a boca que seu rosto e o pescoço latejaram. Deitado ali enquanto o médico puxava um pedaço de carne do fundo de sua garganta, ele desejou poder ir para casa e ter uma conversa final com sua mulher. Também queria pronunciar um último sermão para sua congregação, telefonar para seu filho e para meu pai em Nova York.

Nessa noite, depois do exame, meu tio ficou numa cama do hospital, sem poder falar. Será que sua voz voltaria? Ele escreveu a pergunta em pedacinhos de papel que a enfermeira lhe dera. Disseram-lhe mais uma vez que sim, mas talvez não quando fizesse a operação para valer.

Na manhã seguinte, o médico explicou, por meio de outro intérprete, que o tumor era maligno. Precisaria de uma laringotomia radical. Suas cordas vocais talvez tivessem de ser extraídas. Sim, era quase certo que perderia sua voz.

Depois que o médico saiu do lado de sua cama, meu tio percebeu que alguém no leito ao seu lado tinha um radinho de pilha ligado na mesma estação em que ouvira falar dos médicos americanos antes. A emissora tinha um estúdio nas instalações do hospital e o som vinha alto e claro. Pelas ondas do rádio, ouviu, entre os anúncios sobre pessoas desaparecidas e objetos perdidos, uma voz que dizia: "Reverendo Joseph Nosius, por favor, volte para casa. Sua família está preocupada com você."

Meu tio estava olhando para o teto e imaginando se os médicos, com sua "biópsia", haviam feito mais mal do que bem a ele, quando ouviu a voz do locutor. Ela o fez lembrar o quanto as vozes eram importantes. Quem tivesse uma, poderia usá-la para alcançar seus entes queridos, por mais longe que estivessem. Os progressos tecnológicos poderiam ajudar — o telefone, o rádio, microfones, megafones, amplificadores. Mas, aquele que não tivesse voz, pensou, seria deixado de fora do constante zunido do mundo, do eco das conversas, dos gritos e sussurros da vida cotidiana.

Enquanto ficava ali, ouvindo os outros pacientes falarem com os médicos e enfermeiras, com seus familiares e uns com os outros, ocorreu-lhe que, depois da operação, ele nunca mais poderia pronunciar um sermão, gritar por socorro ou rir alto de uma boa piada. Também sabia que teria de informar Tante Denise de que estava vivo.

Sentou-se devagar, escreveu uma curta mensagem num pedaço de papel que estava na sua cabeceira e a deu a uma das enfermeiras, para que fosse levada ao estúdio da rádio. A mensagem pedia simplesmente que dissessem à sua mulher que ele estava bem e que voltaria logo para casa.

Quando os médicos voltaram para vê-lo naquela tarde, disseram-lhe que não poderiam operar e extrair o tumor. Era grande demais e eles não tinham o equipamento adequado para o procedimento. Perguntaram-lhe se tinha família ou amigos fora do país. Ele disse que seu filho e seu irmão, meu pai, moravam em Nova York. O médico deu-lhe uma cópia do seu registro médico e escreveu uma carta para que ele levasse ao consulado americano, pedindo um visto para viajar devido à operação.

Quando meu tio voltou para casa, em Bel Air, e com a voz rouca que lhe restara tentou explicar o diagnóstico à sua mulher, à congregação e até — pelo telefone — ao meu pai e a Maxo, com quem planejava ficar em Nova York, ninguém o entendeu direito. Nenhum dos nossos parentes sabia o que era uma laringotomia. Nem conhecíamos ninguém que tivesse câncer. Quanto a alguém perder a voz permanentemente, era uma possibilidade tão remota que quase parecia uma maldição que, como alguns dos membros da congregação do meu tio declararam, só médicos americanos poderiam cruzar o oceano para jogar em você. As pessoas ou nasciam mudas ou não. Não se tornavam mudas, a não ser temporariamente, se sofressem um caso grave de choque. Geralmente, esses casos poderiam ser facilmente curados com remédios herbais. Por que não o do meu tio?

Para tranquilizar todo mundo, ele disse que talvez os médicos de Nova York soubessem mais. Talvez ele descobrisse outras opções, outras soluções. Apesar disso, reuniu todos os seus papéis — títulos de terras, certidões de nascimento de todos —, fez um testamento e deu tudo à filha do seu amigo, Marie Micheline, então com 26 anos, que ele adotara, tornando-a sua filha. Queria desesperadamente levar Tante Denise para Nova York, mas havia dois problemas. Primeiro, ela morria de medo de andar de avião. Depois, já que a possibilidade de ele retornar ao Haiti aumentava com o fato de ter uma mulher para quem voltar, ela teve seu visto negado pelo consulado americano. Tio Joseph e Tante Denise não haviam passado tanto tempo separados desde que ele quebrara sua cabaça, há 32 anos. Porém, o tempo era importante e ele não teve escolha a não ser viajar sem ela, embora tivesse medo de morrer e não vê-la de novo.

Em Nova York, tio Joseph mal havia passado 24 horas no apartamento do seu filho, Maxo, quando acordou no meio da noite com uma dor cortante e profunda no pescoço.

Maxo saíra com um amigo. De alguma forma, tio Joseph conseguiu cambalear para fora da cama e ir até o único telefone da casa, que ficava na cozinha. Discou o número do meu pai, que morava em East Flatbush, a três estações de metrô, a uma caminhada de meia hora e a 15 minutos de carro até a casa de Maxo, na Ocean Avenue. Meu tio ouviu um estalo quando atenderam o telefone.

— Alô — disse meu pai, com a voz desafinando de ansiedade. "A essa hora da noite não vem notícia boa", disse a si mesmo.

Meu tio chegou os lábios o mais perto possível do fone para sussurrar essas três palavras: *Frè, map mouri*. Irmão, estou morrendo.

— O que houve? — perguntou meu pai.

— Gòj — ele respondeu. Garganta.

Meu pai disse-lhe para abrir a porta da frente do apartamento e esperar. Então desligou e chamou uma ambulância. Quando ligou outra vez, tio Joseph não atendeu, então ele se vestiu, correu até o carro e voou para o prédio onde meu tio estava.

Os paramédicos chegaram antes dele. Assim que entraram, acharam tio Joseph caído no chão perto da porta da frente, quase inconsciente, apertando o pescoço, tentando respirar. Tentaram entubá-lo, mas o tumor bloqueava a passagem do ar. Então, enquanto corriam para o hospital Kings County, fizeram uma traqueostomia, fazendo um buraco no pescoço do meu tio para enfiar um tubo pelo qual ele pudesse respirar.

Tio Joseph fez sua laringotomia radical no dia seguinte. Quando acordou, nunca mais pôde usar sua voz. Tinha 55 anos.

A operação custou cerca de 30 mil dólares, o que foi negociado e pago por seus amigos missionários americanos.

Enquanto ele se recuperava na casa de Maxo, meu pai aconselhou-o a ficar alguns meses em Nova York, para ter certeza de que estava repousando. Mas ele não concordou.

"E minha igreja?", rabiscou num pedaço de papel. "Minha mulher? Além disso, essa não é uma boa primeira visita a Nova York. Nada agradável."

Então, assim que os médicos lhe deram alta, um mês depois, ele fez as malas e voltou ao Haiti.

— Nossas vidas agora estavam mais solidificadas em rumos diferentes — lembrou depois meu pai. — Ele acreditava que sua vida fora poupada por algum motivo e só no Haiti é que poderia descobrir por quê. Ele poderia ter se mudado para Nova York quando Maxo e eu viemos, e também depois disso. Mas não acho que ele realmente quisesse deixar Bel Air por qualquer lugar dentro ou fora do Haiti.

O que o homem branco disse?

Contei aos meus pais que estava grávida no carro, a caminho do aeroporto. Foi mais de uma semana depois que soube do diagnóstico do meu pai. Mas, onde quer que tenha ficado sozinha com ele e minha mãe, eu simplesmente não conseguia encontrar as palavras.

Quase contei na noite anterior à minha volta a Miami. Estava sentada na cama do meu pai, vendo televisão, quando minha mãe apareceu e se sentou na beirada perto de mim. Abri a boca e pensei que as palavras sairiam, mas nada.

O limite do tempo no percurso do carro facilitaria, disse a mim mesma. Se eu quisesse contar-lhes cara a cara não haveria outra oportunidade.

Não seria a primeira vez que eu compartilharia notícias importantes desse jeito com meus pais. Eu despejei a lista de faculdades em que fui aceita no carro, em uma manhã de domingo, a caminho da igreja. Anunciei meu noivado rumo ao casamento de uma prima, em uma tarde de sábado. Essa maneira de dividir informações importantes chateava meu pai, que, antes do seu diagnóstico, nunca havia anunciado nada importante de forma casual.

— Temos de conversar — proclamava dias antes de realmente compartilhar as notícias.

— Há uma coisa que precisamos discutir — ele me lembrava horas mais tarde.

— Diga-me quando você tiver algum tempo — falaria até que afinal nos sentássemos para uma conversa breve mas formal.

A melhor ocasião para eu ter dado a notícia teria sido a reunião familiar de uma semana antes. Isto é o que meus pais provavelmente teriam esperado e preferido, em vez do meu jeito de cuspir algo e escapar. Mas naquela noite eu não podia olhar no rosto do meu pai e — embora eu soubesse que seria algo encarado naturalmente por ele e minha mãe — perguntar se estavam felizes por mim.

O percurso da casa dos meus pais ao aeroporto geralmente levava cerca de meia hora no meio do dia. Deixei que se passassem dez minutos, enquanto esperava meu pai recuperar o fôlego após o esforço de andar da casa até o carro.

— Eu poderia pegar um táxi, papai — eu disse enquanto me acomodava à frente da minha mãe, que não sabia dirigir, mas, mesmo que soubesse, não seria a ela que meu pai entregaria o volante.

Com o corpo inclinado para a frente, meu pai colocou a cabeça junto do painel. Ainda arquejava e, sem poder responder, só sacudiu a cabeça em protesto, ao dar a partida. Antes de ficar doente, eu poderia dizer que, para ele, dirigir era como respirar. Na noite anterior, calculei que, de 1981 a 2004, trabalhando em média dez horas por dia, inclusive nos feriados, mas não aos domingos, ele passara quase vinte anos dirigindo pelas ruas do Brooklyn.

Vi que meu pai se recuperara momentaneamente dos arquejos quando ele perguntou se minha mãe havia combinado comigo de ir a Miami.

Sempre que visitava meus pais, minha mãe me mandava de volta com uma sacola para a noite, cheia de comida. Acordava cedo na manhã da minha viagem para garantir que eu tivesse várias embalagens de peixe frito, bolo de batata-doce, pasteizinhos de bacalhau, um saco grande de chips de tanchagem e vários pacotes de pão de mandioca. Minha mãe, uma mulher opulenta, de rosto cheio e ombros largos, sempre me presenteava com esse prêmio no último minuto, às vezes quando chegávamos à calçada do aeroporto. A comida dela e a direção do meu pai eram parte de uma despedida que muitas vezes me deixava culpada e receosa, culpada por deixá-los para trás e receosa de que alguma coisa ruim, um colapso ou um ataque cardíaco, pudesse atingi-los na minha ausência.

— O que sua mãe lhe deu desta vez? — perguntou meu pai.

Como tinha visto minha mãe preparar a sacola de comida, ele sabia. Mas perguntou assim mesmo, como sempre fazia, de um jeito meio brincalhão, em parte para provocar minha mãe pela vontade, que talvez tenha experimentado desde que eu era criança, de me alimentar a distância.

Eu lhes contei entre as faixas sinuosas e estreitas da Jackie Robinson Parkway. O velho Lincoln vermelho do meu pai era largo demais para uma só faixa, especialmente nas curvas, então ele usava as duas, deixando furiosos os motoristas que não podiam ultrapassá-lo. Agarrando firme o volante, ele parecia fechar os outros motoristas, que buzinavam alto e punham as cabeças para fora das janelas a fim de xingá-lo. Eu lhes contei à medida que meu pai ziguezagueava pelas curvas com um exército furioso de motoristas atrás dele. Agora acho que isso mostrava bastante segurança no seu modo de dirigir. Devo ter acreditado totalmente que nada poderia ter impacto sobre ele ao volante.

— Tenho novidades — comecei.

Meu pai estava sentado em uma almofada quadrada para proteger seu traseiro ossudo dos solavancos doloridos das ruas, com o cotovelo apoiado no descanso de braço que o separava da minha mãe e de mim.

Minha voz falhou. De repente, eu só conseguia pensar em um cenário alternativo para fazer esse anúncio feliz a um pai doente. Talvez ainda pudéssemos nos encontrar no carro em uma via cheia de curvas a caminho do aeroporto, quando meu único obstáculo seria a leve sensação de embaraço que se sente ao ter uma conversa sobre sexo, embora animada, com os pais de alguém.

— Estou grávida — resmunguei.

— Sa blan an di? — perguntou minha mãe. O que o *blan* disse?

Esta era a forma como minha mãe sempre fez meus irmãos e eu sabermos que ela não ouvira ou não entendera algo que disséramos. Equivalente a "gringo", um *blan* não era apenas um homem branco, mas qualquer estrangeiro, especialmente um que entendesse a espécie de crioulo hesitante e entrecortado que meus irmãos e eu às vezes falávamos com nossos pais. *Sa blan an di*, em nossa casa, significava "Não ouvi. O que você disse?"

Meu pai, porém, me ouviu claramente.

— Neto — disse para minha mãe, enquanto me cumprimentava.

— Ah, eu sabia que você estava grávida — disse minha mãe, batendo as mãos curtas e largas. — Vi num sonho.

— Mais para uma fantasia — disse meu pai. — Um desejo.

— Foi um sonho — disse minha mãe, virando-se para mim. — Vi você carregando um bebê e ninguém perguntava de quem era.

O resto do percurso foi gasto com recomendações que meus pais repetiriam por toda minha gravidez. Minha mãe dizia-me para procurar um médico assim que possível. Meu pai ordenava-me que parasse de viajar, descansasse muito e tentasse relaxar.

Na calçada do aeroporto, meu pai saiu do carro para me abraçar. Estava respirando fundo quando se aproximou para tocar minha barriga ainda lisa.

— Não a deixe triste — disse minha mãe, de um jeito meio brusco e meio brincalhão, que era como ela falava muitas vezes. — Ela vai ficar sozinha no avião.

— Não é um avião particular, é? — meu pai provocou, mesmo tentando recuperar o fôlego.

Como não queria que ele ficasse muito tempo em pé, dei um abraço em cada um, peguei a bagagem e corri para dentro do aeroporto. Vi meu pai deslizar devagar atrás do volante e abaixar a cabeça para tossir, tossir, tossir. Às vezes, quando ele tossia para valer, corriam lágrimas pelo seu rosto, o que ele nem notava. Então pude ver minha mãe se inclinar para a frente e limpar o rosto dele com a palma da mão. Um policial robusto foi até o carro do meu pai e fez um gesto para que ele andasse. À medida que os outros passageiros se adiantavam nas filas do *check-in*, vi meu pai, ainda sem fôlego, dirigir para longe.

Laços do coração, laços de sapatos

Meu pai largou a escola em 1954, com 19 anos, para ser aprendiz de um alfaiate vizinho. Não um alfaiate comum, mas um homem cujo pequeno ateliê doméstico produzia centenas de camisas unissex para crianças, feitas com o pano, a linha e o trabalho — de aprendizes — mais baratos possíveis. Meu pai deveria fazer duas dúzias de pequenas camisas por dia. As peças eram vendidas a comerciantes que as revendiam por todo o Haiti.

A parte de papai nos lucros era de cerca de cinco centavos de libra por camisa. Ele demitiu-se aproximadamente seis meses depois que conseguiu economizar e pegar emprestado dinheiro suficiente para comprar sua máquina de costura. Então, começou a trabalhar sozinho, vendendo diretamente aos revendedores. Isso até os anos 1960, quando roupas usadas nos Estados Unidos, chamadas de "Kennedy" por terem sido mandadas para o Haiti durante o governo desse presidente, se tornaram fáceis de encontrar.

Certa tarde, meu pai estava em busca de outro emprego quando foi à loja de tecidos em que meu tio Joseph trabalhava. Era um cliente regular dali e tinha uma boa relação com o patrão, que lhe falou de um imigrante italiano que acabara de abrir uma loja de sapatos na Grand Rue e estava procurando um vendedor. Meu pai correu para a loja e, com a recomendação do chefe do meu tio, foi contratado na hora.

O novo patrão de meu pai estava sempre coberto de joias. Além de um colar de ouro, grosso como seu cinto, usava uma pulseira igualmente larga e dois grandes anéis de ouro em cada mão.

— Se naquela época os homes usassem brincos — costumava dizer meu pai —, ele usaria quatro.

Mas a extravagância pessoal do chefe era o oposto do que pagaria a meu pai. Seus salários eram modestos, menos do que o equivalente a 20 dólares por mês, com a possibilidade de comissões sobre as vendas de mais de três pares de sapatos.

Como tinha trabalhado sem parar tanto como aprendiz quanto por conta própria, meu pai achou que seu novo emprego seria moleza. Tudo que tinha a fazer era dizer às pessoas que comprassem algo de que precisavam.

A loja tinha sapatos de muitos estilos e faixas de preço. Masculinos, femininos, de borracha, de plástico, e os mais caros de todos: de couro. O patrão disse a meu pai que enfatizasse que todos os sapatos, assim como ele próprio, vinham da Itália.

— De outra forma, pode-se conseguir que qualquer sapateiro da esquina faça um par de sapatos para você — o dono estimulava-o a dizer para os fregueses.

Mas é claro que pouquíssimos dos sapatos eram realmente da Itália. O resto, descobriu, vinha dos Estados Unidos, via Porto Rico.

De vez em quando, meu tio recomendava à sua crescente congregação que comprasse sapatos do meu pai. Em troca, papai convenceu seu patrão a oferecer descontos especiais aos paroquianos de meu tio, lembrando-lhe de que as pessoas da igreja provavelmente não usavam qualquer método de controle de natalidade, o que significaria mais clientes em potencial.

Esse período na vida do meu pai, o começo dos anos 1960, também foi obscurecido por fatos muito maiores. Papa Doc Duvalier, que sucedera Daniel Fignolé no palácio presidencial, recusou-se a deixar o poder ou a permitir novas eleições, apesar de uma crescente insatisfação com seus métodos cada vez mais repressivos de aprisionar ou executar publicamente seus inimigos. Em vez disso, criou uma milícia nacional chamada de Tonton Macoutes, um batalhão de homens e mulheres brutais agressivamente recrutados entre os pobres das áreas urbanas e rurais do país. Ao se juntar aos macoutes, os recrutas recebiam um cartão de identificação, que mostrava sua ligação com Papa Doc Duvalier, um uniforme de jeans azul, um .38 e o privilégio de fazer o que quisessem.

Meu pai lembrava como alguns macoutes entravam na loja, pediam os melhores sapatos, simplesmente os pegavam e iam embora. Ele não podia protestar ou correr atrás deles, sob o risco de levar um tiro.

Depois de perder sapatos demais, o patrão decidiu-se por uma solução. Encomendou uma quantidade grande de sapatos ordinários, que não eram de couro, mas tinham aparência de coisa boa. A maioria dos macoutes que entravam na loja querendo roubar não ligava ou não sabia a diferença. Se pediam para experimentar algum par, meu pai deixava-os provar só os sapatos de 3 dólares.

Papai sempre sentia um nó no estômago quando um macoute perguntava se havia outros sapatos. Ele tentava não tremer ao responder "Não", enquanto não parava de dobrar e massagear os sapatos baratos para fazê-los parecer mais flexíveis. Afinal, foi essa experiência de dobrar sapatos todo dia e de se preocupar em ser morto que o fez começar a pensar em deixar o Haiti.

Meus pais contam de formas ligeiramente diferentes a história de como se conheceram, em 1962, quando ambos tinham 27 anos. Na versão da minha mãe, a primeira vez que se viram foi num empório de Bel Air cuja dona era uma das irmãs mais velhas de minha mãe, que vivia por lá para ajudar. Na época, minha mãe era esbelta, bonita, de uma melancolia contemplativa, e dolorosamente tímida. Certo dia, meu pai entrou na loja pequena e pouco iluminada, e minha mãe recebeu-o na porta com um sorriso. Poucos dias depois aconteceu de ela ir à loja de calçados da Grand Rue para comprar um par de sapatos. Ele a ajudou a experimentar alguns dos modelos femininos, mas nenhum serviu. Ela agradeceu-lhe e saiu da loja.

Meu pai não se lembra de nada sobre o encontro no empório. Apenas de ela entrar na loja de calçados, tímida demais para levantar o olhar das suas sandálias velhas e empoeiradas. Ele queria que ela ficasse o maior tempo possível na loja, então lhe deu sapatos que sabia que não serviriam nela. Enfim, quando, frustrada, ela saiu da loja, ele a seguiu até sua casa.

Casaram-se três anos depois.

Antes de minha mãe aparecer, tio Joseph queria que meu pai se casasse com Léone, a irmã de Tante Denise, que, embora cinco anos mais nova que Tante Denise, parecia sua irmã gêmea. Eram quase idênticas, só que Léone se vestia de maneira mais casual que Tante Denise, para quem ser a mulher do pastor significava nunca sair de casa sem seu chapéu e luvas combinando e uma das suas perucas até o ombro, que ela preferia ao seu cabelo curtinho. O fato de Tante Denise fazer suas roupas e poder comprar tecido com desconto na loja do meu tio fazia com que fosse fácil para ela conservar sua aparência sempre elegante. Léone não tinha os meios nem o interesse; assim, sempre parecia a gêmea que, apesar de considerada igualmente bonita, fora abandonada ao nascer. Embora Léone amasse meu pai, ele não estava interessado nela.

Além disso, como me contou certa noite durante aquela visita após seu diagnóstico, quando se deparou com o musical *Sete noivas para sete irmãos*, que ele achava que fosse sobre sete irmãos casando-se com sete irmãs: "Não é como se seu tio e eu fôssemos Caim e Abel e não houvesse mais ninguém no mundo para casar."

Depois que meus pais se casaram, mudaram-se para uma casinha numa parte cada vez mais povoada de Bel Air. O chão de cimento da sua casa de aluguel de dois cômodos era da mesma cor parda que as paredes. Não havia janelas ou venezianas, apenas algumas aberturas em forma de diamante no concreto, que deixavam entrar ar e muita água quando chovia. Minha mãe decorou-a o melhor que pôde, enfeitando as paredes com cortinas largas e pregueadas que ela mesma fez. Queriam ter filhos logo, mas não conseguiam, fazendo com que meu tio e Tante Denise pedissem constantemente orações para eles na igreja.

Meus pais estavam para festejar seu quarto aniversário de casamento quando nasci, em 1969. Vinte meses depois, seguiu-se Bob. Depois que Bob e eu nascemos, meu pai começou a costurar outra vez, quando chegava da loja de sapatos. Minha mãe juntou-se a ele, fazendo uniformes escolares e bandeirinhas para os estudantes acenarem no Dia da Bandeira.

Certa tarde, antes de fechar a loja de calçados, meu pai estava conversando com seu patrão sobre o filho dele, que logo iria de férias a Nova York.

— Você acha que consigo um visto? — meu pai perguntou.

Na época, como agora, ir embora parecia a única resposta, sobretudo se alguém estivesse doente como meu tio ou fosse pobre como meu pai, ou desesperado, como ambos.

O chefe do meu pai ofereceu-se para escrever uma carta de recomendação para seu pedido.

Como tinha um emprego, uma mulher e dois filhos como incentivo para voltar ao Haiti, ele conseguiu o visto de turista por um mês. Mas não pensava em voltar.

Não me lembro da partida do meu pai ou de qualquer coisa que a precedesse. Marie Micheline, a filha adotiva de tio Joseph e Tante Denise, gostava de me falar sobre, como no ano antes de meu pai partir, ele muitas vezes comprava um pacotinho de biscoitos amanteigados no caminho para casa à noite, com a intenção de me dar. Eu não gostava dos biscoitos. Mas meu rosto se iluminava quando os via, e eu ria, ria, quando ele me dava um e eu o devolvia, só para gargalhar mais quando ele o jogava em sua boca.

Desde então, descobri que as crianças que passam a infância sem os pais adoram ouvir histórias como essa, que podem embelezar e exagerar quanto quiserem. Esse tipo de narrativa acalma nossas mentes momentaneamente, assegurando que somos mesmo amadas pelos pais que partiram. Infelizmente, não me contaram muitas histórias assim. O que ouvi muitas vezes foi sobre o futuro, um tempo indefinido quando meu pai buscaria minha mãe, Bob e eu.

Quando meu pai foi embora, tio Joseph de vez em quando vinha nos visitar depois do trabalho e, claro, minha mãe, Bob e eu continuamos a comparecer aos cultos na sua igreja. Altamente independente e orgulhosa demais para buscar o envolvimento de meu tio ou pedir empréstimos quando acabava o dinheiro mensal que meu pai mandava, minha mãe continuou o trabalho do meu pai, fazendo uniformes escolares e bandeiras. Em uma manhã de domingo, quando não tinha dinheiro nenhum, ela nos deixou no colo do meu tio depois da igreja, para que pudéssemos ter uma refeição dominical adequada com ele e Tante Denise.

— Um dia isso vai acabar — minha mãe lhe disse. Daí correu para casa, chorando.

Dois anos depois de meu pai partir, quando eu tinha 4 anos e Bob, 2, o visto de turista para um mês que minha mãe pedira e fora recusado muitas vezes finalmente foi concedido. Quando chegou a hora de ela ir, fomos — Tante Denise, tio Joseph, Bob e eu — de carro levá-la até o aeroporto. Bob sentou-se no colo de minha mãe no banco de trás e sentei junto dela, com a cabeça encostada no seu braço.

No portão do aeroporto, os olhos de minha mãe encheram-se de lágrimas ao entregar Bob para Tante Denise, que tirou depressa as luvas para pegá-lo em seus braços. Na época, Tante Denise raramente tirava as luvas em público, então esse gesto muito cuidadoso de tirá-las e bater seus dedos de unhas bem-feitas de leve na peruca pareceu-me indicar que algo grandioso aconteceria. Não sabia exatamente quando se falou que minha mãe poderia partir, mas eu deveria ter desconfiado de algo. Durante toda aquela semana, minha mãe havia costurado vestidos para mim: compridos com grandes laços e golas elaboradas, curtos com estampas de cravos e outros com babados de renda rosa. No fim da semana, eu tinha dez vestidos no total, a maioria grande demais, a fim de que, percebo agora, eu pudesse usá-los no futuro, quando ela estivesse longe. Fez até uma versão idêntica ao vestido liso de algodão branco que ambas usávamos no aeroporto, um que lembrava a espécie de túnica modesta que se poderia vestir ao ser mergulhado na água num batismo de adultos na igreja de tio Joseph. Tudo fazia sentido. Ela também havia comprado para Bob três ternos novos, dois deles de calças curtas e um grande de calças compridas. Ela deu o lençol azul-claro, ainda na embalagem, que deixava embaixo da cama para um dia de doença, a Marie Micheline, e seus jarros de cerâmica para Tante Denise. Mas não sabia se havia tirado as coisas da nossa casa. Nossas camas? Nossas roupas? E um venerado presente de aniversário do meu tio, um exemplar da *Madeleine*, de Ludwig Bemelman? Essas coisas ainda seriam levadas para a casa de tio Joseph e Tante Denise?

Quando chegou a hora de ela embarcar, pus meus braços ao redor de suas pernas para impedir que seus pés se movessem. Ela inclinou-se e abriu meus punhos fechados enquanto tio Joseph puxava as costas do meu vestido, pegando minhas mãos e afastando-me dela.

— Kalm — disse. — Acalme-se. — E, por um momento, sua voz, profunda e firme, realmente me tranquilizou. Afinal, parecia que ele e Tante Denise agora tomariam conta de nós. Eles seriam nossos pais. Mas e se nossa mãe fosse embora e nunca voltasse? Exatamente como nosso pai?

Em pânico, escapei dos braços de tio Joseph e corri até minha mãe, apertando o rosto contra suas pernas. Empurrei-o quando ele quis me pegar de novo.

Bob tinha corrido de Tante Denise e também estava no chão, batendo seus pequenos punhos contra os ladrilhos frios, choramingando. Seu rosto estava coberto de algum catarro que ele cuspira. Respondendo a um aviso final de embarque, minha mãe correu, com o rosto molhado coberto pelas mãos. Ela não suportou olhar para trás.

Estamos todos morrendo

Minha mãe estava certa quanto ao meu voo para Miami naquele julho de 2004. Iria ser o mais solitário da minha vida.

Depois de passar pelo *check-in* e pela segurança, liguei para meu marido do portão de embarque.

— Mal posso esperar para ver vocês *dois* — ele disse, com sua voz alegre e firme.

Pouco depois de eu desligar, soube que o voo fora adiado por cinco horas. Não sairíamos até as oito da noite. A agitação no meu estômago, não mais misteriosa, continuava. Era uma presença agora, uma presença a quem eu podia atribuir toda espécie de ações e traços, um bebezinho dormindo, acordando, dando cambalhotas.

Nesse estágio da gravidez, o bebê provavelmente teria uns 2,5 centímetros de comprimento, um pequeno girino com um coração e um cérebro ainda não desenvolvidos e só microprotuberâncias em vez de braços e pernas, mas ele ou ela já era a única pessoa que, além de meu pai moribundo, estava constantemente na minha cabeça.

Liguei para o celular de meu pai para dizer que eu decolaria mais tarde. Talvez, se ele não estivesse longe demais do aeroporto, pudesse voltar e me pegar.

Ele não atendeu. Teria acontecido algo de errado? O errado agora era a norma. Alguma coisa pior teria acontecido? Eu me fazia essa pergunta cada vez que ligava para ele sem resposta. Será que ele tinha sofrido um acidente? Será que estava morto?

Fiquei ligando para casa até minha mãe atender.

— Ele acabou de me deixar — disse ela, arrastando as palavras.

— Ele não atende o telefone — falei.

— Você o conhece. Provavelmente se esqueceu de carregar a bateria.

Meu pai estava no escritório da companhia de táxis quando finalmente atendeu o celular.

— Achei que você já tivesse ido — falou.

Havia momentos em que ele estava relaxado e se sentindo bem, em que não parecia nem um pouco doente. À medida que ficava mais debilitado, eu tinha de estar atenta a indícios no seu tom de voz, para julgar quando ele não estava se sentindo bem.

— Quer que eu vá pegar você? — perguntou.

Sem querer que ele se cansasse, eu disse:

— Talvez seja melhor eu ficar, caso o avião saia antes do previsto. Só queria avisar.

— Me ligue de novo antes de partir.

Eu tinha várias horas de espera, então andei pelos terminais enquanto ligava para meus irmãos, contando a notícia. Bob tinha acabado de sair da casa dos meus pais, onde foi ver minha mãe.

— Mamãe não gostou do jeito como você lhes contou — disse, confirmando minha suspeita.

Liguei de novo para minha mãe. Afinal, pensei, e se o avião caísse quando eu finalmente tivesse partido e perdesse para sempre minha oportunidade de dizer a ela que sentia muito?

— Manman, eskize m, desculpe. — Talvez fossem a emoção e a tristeza provocadas tanto pela gravidez quanto pela doença do meu pai, mas eu queria que ela nunca mais ficasse brava comigo.

Depois, liguei para meu irmão Karl no trabalho.

— Bem-vinda ao meu mundo — disse ele. Quase podia vê-lo sorrindo enquanto folheava alguns papéis sobre sua mesa. — Você nunca mais chegará na hora para qualquer coisa. E dormir? Esqueça.

Essas ameaças agora eram um elo entre nós. Irmã mais velha e irmão caçula, agora poderíamos falar não só sobre nossos pais, como também sobre nossos filhos.

Quando liguei para meu irmão Kelly, ele se lembrou de uma conversa que tivemos quando eu estava terminando o ensino médio e declarei que meu maior sonho na vida era ser uma solteirona sem filhos, para ter liberdade total de escrever meus livros.

— Agora, a solteirona casada está grávida. — Ele riu.

Anunciar minha gravidez evitava que eu falasse sobre meu pai, pelo menos por enquanto. Andando pelo terminal, liguei para uns poucos amigos, pessoas para quem eu não queria esperar as 12 semanas seguras para contar. Contudo, só disse a duas delas o outro lado das novidades, que meu pai estava morrendo. Uma, que o conhecia bem, ficou zangada comigo por eu aceitar tão facilmente o diagnóstico do médico.

— O que esse médico sabe? — gritou.

— Ele fez exames — eu disse. — E meu pai também sabe.

— Escute — interrompeu-me. — Foda-se o médico. Estamos todos morrendo. Alguns de nós poderão cair no chuveiro e quebrar a cabeça. Alguns podem ser atropelados por um ônibus. Alguns podem ser atingidos por um raio. Alguns podem ter doenças que não sabemos. Estamos todos morrendo.

Claro que isso tinha passado pela minha cabeça. Talvez no elevador em que descíamos do consultório do dr. Padman, ou à mesa na reunião de família, ou talvez no carro, sentada entre minha mãe e meu pai, no percurso até o aeroporto, ou em algum ponto intermediário, mas eu havia me dito a mesma coisa. Já tinha ouvido isso antes. Do meu tio:

— Talvez todos nós estejamos morrendo, a cada vez que respiramos.

Adeus

É difícil não idealizar a cara corajosa que meu tio deve ter mostrado com seu sofrimento após sua laringotomia, em 1978, mesmo que o que parecia coragem fosse simplesmente uma tentativa de esconder sua dor dos outros. Porém, me pareceu, aos 9 anos, que ele estava se adaptando à sua operação na laringe. Mesmo depois de não poder mais falar, continuava sua rotina de a cada manhã tocar um velho disco da Berlitz, resmungando algumas poucas frases em inglês enquanto se barbeava.

— Bom dia — uma voz feminina esfuziante e jovem proclamava de um LP arranhado em um toca-discos à sua cabeceira.

— Boa noite — continuava.

Daí, ela passava adiante com "Adeus".

Seu adeus não tinha nada da tristeza que a palavra implicava. Era o tipo de adeus que se podia ouvir após uma festa animada, não a despedida que precedia uma longa ausência ou uma morte. Antes da operação do meu tio, ele tentava imitar a alegria dela na sua repetição. Depois da cirurgia, ele apenas tentava resmungar os cumprimentos alegres e as frases fora de contexto.

De vez em quando, não era tão difícil para ele se comunicar, como eu havia esperado. Para os que sabiam ler, escrevia bilhetes que explicavam pensamentos complicados ou elaborados. No resto do tempo, usava expressões faciais e fazia gestos com as mãos. Apontar para seus olhos, por exemplo, queria dizer "Olhe". Apertar as orelhas queria dizer "Escute". Afastar as mãos queria dizer

"Abra". Juntá-las queria dizer "Feche". Bater a palma na testa queria dizer que esquecera ou deixara passar alguma coisa.

Embora meu tio não fosse a única pessoa muda em Bel Air — havia um menino que nascera sem voz e uma velha que sofrera um derrame —, ele era o único com um buraco de traqueostomia no pescoço. As pessoas tinham tanta curiosidade sobre o buraco que mantinham os olhos ali por toda uma conversa de mão única com ele. Eu também me intrigava com esse abismo estreito que parecia levar ao fundo do corpo dele. Um círculo perfeito, de cor salmão como nossa casa e que tremia para fora quando ele espirrava.

Na sua curiosidade, alguns dos nossos vizinhos eram cruéis. Lembro-me que certa vez, ao sair de casa com meu tio, ouvi um menino gritar "Kou kav", ou "pescoço furado". Ao ouvir isso, a mãe do menino apontou para meu tio e riu. Estava mais para uma risadinha de nervoso do que para um deboche. Quase havia medo nela.

Muitas vezes vi pais avisarem aos filhos para não ficarem encarando os aleijados ou apontando para os doentes. "Não fique olhando estupidamente ou seus olhos não vão se abrir mais. Se você apontar, seu dedo cairá", minha própria mãe poderia ter dito algumas vezes antes de partir.

A mãe do menino ria como se tivesse ouvido tudo isso, mas não pudesse se conter. Talvez estivesse rindo antes de aparecermos e tivesse ficado constrangida de a flagrarmos fazendo isso. Talvez um programa humorístico estivesse sendo transmitido no rádio dentro da casa, o qual só ela e o filho pudessem ouvir. Porém, ao passarmos por eles, meu tio, vestido com seu terno preto habitual e gravata, apertou forte minha mão. Seu corpo enrijeceu-se, mas ele manteve a cabeça erguida e fingiu não notar.

Então, tudo o que pude pensar em fazer foi imaginar uma muralha ao redor dele, uma fortaleza móvel que o seguisse por toda parte e o protegesse das chacotas. Essa fortaleza, envolta em nuvens de algodão-doce cor-de-rosa, seguiu-nos nesse dia enquanto fui com ele até o banco para depositar o dinheiro que meus pais mandaram via telégrafo através de um serviço de transferência para nossas mensalidades escolares e outras despesas.

Um aspecto que mudou na vida pós-operatória do meu tio foi passar a não gostar de ir sozinho a muitos lugares. Sempre que precisava fazer um depósito no banco ou tinha assuntos escolares no Ministério da Educação, ele esperava que eu ou seu neto, o filho de Maxo, Nick, voltasse da escola para ir com ele. Dessa maneira, se ele não conseguisse se fazer entender com seus gestos ou com sua escrita às vezes indecifrável, um de nós o *interpretaríamos.*

Nossa recompensa era o alívio nos olhos do homem do banco ou do escritório, quando ele percebia quanto tempo a transação com meu tio teria demorado se um de nós ou ambos não estivesse ali, quantos olhos seriam necessários para examinar os pedidos em suas anotações, quantas tentativas de ler os lábios dele antes de surgirem algumas possibilidades, diante das quais meu tio sacudiria vigorosamente a cabeça, negando ou concordando. Tio Joseph também agradecia quando acertávamos alguma coisa. Ele dava um sorriso propositadamente controlado, destinado a esconder seus dentes falsos. Seu sorriso seria um estrondoso "Sim!", caso pudesse falar, um grito aos céus se pudesse exprimi-lo.

Chegamos ao banco em uma hora em que estava quase vazio. Meu tio dirigiu-se até uma moça sentada atrás da mesa, falando ao telefone. Ela desligou e fez um sinal para nos sentarmos.

O ar-condicionado estava a toda, enchendo o lugar com um ar frio e perfumado. Meu tio deu-lhe um envelope com algumas notas e sua caderneta bancária. Ela tirou as notas e as contou, colocando-as à sua frente.

Às vezes, visitas como essa não exigiam nenhuma conversa ou qualquer outro tipo de diálogo que revelasse a condição do meu tio. Para a mulher, ele poderia ser tímido ou estar pouco à vontade. Já tinha sido atendido naquele banco, mas não por ela. Ela não o conhecia.

Quando ela acabou de contar o dinheiro, disse um número em voz alta, com o qual meu tio concordou, balançando a cabeça. Então datilografou a quantia na caderneta. E no momento em que os ombros do meu tio abaixaram, o equivalente para ele a um suspiro de alívio, e no momento em que ele deve ter pensado que não precisaria mais de Nick ou de mim para tratar com aquela determinada mulher, naquele determinado banco, ela inclinou-se para a frente e perguntou: *Ta fille?* Sua filha?

Meu tio fez que sim, o mesmo gesto alegre que usava para indicar que concordava quando algo ficava de repente claro para ele. Ele sorriu abertamente, enquanto dava tapinhas no meu cabelo de tranças bem repuxadas.

Na calçada, fora do banco, havia um homem vendendo raspadinha com calda, uma delícia infantil chamada fresko. Sobre o carrinho bamboleante feito de pedaços de madeira havia um bloco de gelo transparente meio enterrado em serragem e cercado por uma fileira de garrafas coloridas. Meus olhos seguiram as mãos enrugadas do homem quando ele batia cuidadosamente seu furador no gelo, exatamente como sempre fazia para nos tentar. Meu tio fez um gesto para que ele viesse depressa e as rodas de borracha do carrinho guincharam contra o meio-fio quando ele se aproximou de nós.

— Quer de quê? — o vendedor perguntou, apontando para as garrafas meio cheias que brilhavam ao sol, vermelha, azul, amarela e verde. Apontei para a garrafa bege. Coco! Eu já havia experimentado a maioria dos outros sabores, inclusive hortelã e cereja, meus outros favoritos.

Como éramos clientes habituais, o vendedor me serviu uma quantidade especialmente generosa. Passei a língua em volta do fresko gelado até o interior da boca ficar anestesiado. Meu tio foi incapaz de resistir e fez um gesto de que queria um também, de coco como o meu. Quando acabei o meu, o dele ainda tinha uns três quartos, e, abaixando-se para tirar o cone vazio de papel da minha mão, deu-me o resto do dele.

A caminho de casa, passamos por filas e filas de vendedores de livros usados, cujos volumes amarelados e manchados estavam alinhados em quadrados no chão e atrás de cordas do outro lado da catedral nacional. De pé diante de um rapaz com mais livros infantis do que de outro tipo, meu tio me disse para escolher um como presente. Abaixei-me e peguei um que parecia familiar, um livro que eu tivera antes. Tinha uma freira na capa, e de um lado dela havia 11 meninas de capa de chuva, e do outro, com o luxo de ter uma das mãos só para ela, uma garota vestida exatamente como as outras, mas que de alguma forma estava isolada. Seu nome era Madeleine.

Peguei o livro, como se pegasse a própria Madeleine, e apertei-o depressa contra o peito, mesmo quando meu tio pagava ao vendedor. Ao contrário do meu primeiro exemplar, que era novo e cheirava a tinta fresca, este tinha um cheiro mofado e antigo. Meu tio não havia prestado atenção o suficiente no livro para constatar que o tinha comprado antes para mim, como presente de aniversário, quando eu fiz 4 anos. Na minha família, não tínhamos festas de aniversário e ninguém dava presentes nessa data. Na verdade, aquele primeiro livro foi o único presente que havia recebido do meu tio, que, talvez sabendo que aquele seria o último aniversário que eu passaria com minha mãe, por algum tempo, dera-o sem cerimônia para que ela me entregasse. O livro desapareceu com minhas coisas quando nos mudamos de nossa casa para a de tio Joseph e Tante Denise. Mas, receando que ele me achasse descuidada, nunca mencionei isso. Agora, enquanto andávamos a curta distância até nossa casa, mal podia esperar para subir na minha cama e fazer outra visita à minha antiga amiga Madeleine, que, como eu, agora morava em uma casa velha com outras crianças. E, embora não houvesse uma dúzia de nós, poderia ter havido, partindo nosso pão, escovando os dentes e indo dormir, sorrindo para o bom, franzindo a testa para o ruim e, às vezes, ficando muito tristes.

Depois da sua operação, para que as coisas pudessem correr sem problemas, meu tio contratou um diretor para a escola e dois pastores-assistentes para dirigir a igreja. Porém, às vezes, era dolorosamente claro o quanto ele sentia falta da participação integral que sua voz permitia. Isso era mais óbvio para mim quando ele saía de um culto noturno, se sentava imóvel no canto mais escuro da varanda e, embora olhando para o vazio em frente, ouvia Granmè Melina contar suas histórias folclóricas.

Granmè Melina, mãe de Tante Denise, era provavelmente centenária quando veio morar conosco, em 1979. Como muitos haitianos rurais da sua geração, não tinha certidão de nascimento e só lembrava vagamente, pelo que seus pais lhe contaram, que nascera quando um homem chamado Canal Boisrond era presidente do Haiti. O governo de três anos de Boisrond, de julho de 1876 a julho de 1879, colocava a idade de Granmè Melina entre 97 e 101 anos.

A doença a trouxera das montanhas de Leógâne, onde morava desde que sua filha se mudara para Porto Príncipe com tio Joseph. Fustigadas pela artrite, suas mãos pálidas, com manchas provocadas pelo fígado, curvavam-se em garras como pinças, tornando-lhe impossível fazer qualquer coisa sozinha. Passava a maior parte dos seus dias sentada na varanda, vendo as pessoas passarem. Mas, assim que o sol se punha, ela ficava no centro das atenções, quando se animava e contava histórias. As crianças da vizinhança apressavam seu jantar e corriam com as lições do dia seguinte para poderem sentar nos degraus diante da cadeira de balanço de Granmè Melina e ouvir suas histórias.

Uma das que ela mais contava era uma parecida com o conto de Rapunzel sobre uma linda jovem cuja mãe, receando que ela pudesse ser raptada pelos que passavam, encerrou-a em uma casinha pequena, mas bonita, ao lado da estrada, enquanto trabalhava no campo até o crepúsculo. Toda noite, depois de um dia duro de trabalho, a mãe ficava fora da casinha e cantava uma música simples, que era o sinal para a filha abrir a porta e deixá-la entrar. Observando isso por várias semanas, uma serpente enorme e mortífera esperou até que a mãe fosse trabalhar no campo e aí, contando que fosse enganar a garota e fazê-la sair, deslizou até a porta e tentou imitar a música. Mas silvou alto demais e a filha soube claramente que não era sua mãe. Ela não abriu a porta, então a serpente foi embora e esperou um outro dia. Quando a mãe da moça voltou mais tarde do campo, cantou a música e a jovem abriu alegremente a porta da casinha, deixando-a entrar.

A voz de Granmè Melina tornava-se aguda com a excitação causada pelos perigos que poderiam aguardar essa moça, que era, afinal, nossa representante na história, aquela cujas escolhas serviam para que delas extraíssemos nossa lição.

No dia seguinte, depois que a mãe foi trabalhar no campo, a serpente voltou à porta da moça e tentou outra vez cantar a canção da mãe. Desta vez, silvou baixinho demais, então a filha soube que não devia abrir a porta. Então a serpente foi embora, para esperar por outro dia.

As histórias de Granmè Melina nem sempre tinham finais felizes. Um dia, ocorreu à serpente que ela podia simplesmente matar a mãe e forçar a jovem a sair. Assim ela fez, deixando a garota sozinha no mundo. Ainda assim, a moça nunca saiu da casinha, preferindo morrer intocada e pura, sozinha lá dentro, em vez de se arriscar a enfrentar a serpente, lá fora.

Nessas noites, sentada aos pés de Granmè Melina, com as outras crianças, ouvindo suas histórias muitas vezes assustadoras, eu fechava os olhos e imaginava que era minha mãe, que nunca ligou para essas histórias, contando uma delas para mim. Certa noite, depois de Granmè Melina receber um grupo de crianças na varanda, ela se queixou de dores nas juntas e pediu que Tante Denise massageasse seu corpo com cânfora e óleo de rícino antes de ir dormir. Colocando-a em cima de um monte de travesseiros, Tante Denise, que recentemente havia ficado diabética e começara a parecer um pouco vagarosa e bem menos jovem, pediu à sua sobrinha Liline que puxasse a camisola de Granmè Melina por cima de sua cabeça. O pai de Liline, o irmão mais novo de Tante Denise, Linoir, deixara Léogâne no ano anterior para trabalhar como cortador de cana na República Dominicana. A mãe de Liline tinha outros seis filhos para cuidar e pouquíssimo dinheiro, então Linoir pediu a Tante Denise que cuidasse de Liline até ele voltar. Como Marie Micheline, Bob, Nick e eu, Liline era outra criança que tio Joseph e Tante Denise não puderam recusar.

Liline e eu dividíamos um beliche de metal do outro lado do quarto de Granmè Melina. Felizmente, os fragrantes cataplasmas e massagens de Granmé Melina superavam o cheiro de urina que subia da cama de Liline. Aos 10 anos, Liline ainda molhava a cama, sempre explicando, quando censurada por Tante Denise, que sonhava que estava fazendo xixi numa latrina quando empapava o colchão. Eu não sabia por que foi decidido que Liline e eu dividíssemos um quarto com Granmè Melina, mas gostávamos de tê-la para nós naquelas noites em que ela mandava todo mundo para casa mas ainda tinha mais histórias antes de dormir.

Naquela noite, enquanto Tante Denise esfregava com cânfora a testa enrugada de Granmè Melina, enrolando um lenço em torno do seu cabelo branquinho como algodão e trançado, Granmè Melina contou-nos a história da mãe que cantava, da filha trancada e da serpente, uma narrativa que eu achava que era muito mais para amedrontar as crianças da vizinhança. Mas agora eu percebia que a história era mais sobre Granmè Melina do que sobre qualquer outra pessoa. Ela era a filha, trancada num casulo de doença e velhice, enquanto a morte pedia para entrar de alguma forma. Naquela noite, ela não acabou a história, deslizando para um sono ab-ruptamente profundo. Fiquei bem perto do lampião de querosene que servia de luz de cabeceira a ela e folheei minha *Madeleine*, que tentava fazer até a doença — no caso de Madeleine era apendicite — parecer bem engraçada.

Na manhã seguinte, um sábado, meu irmão Bob veio me acordar para sair e brincar com ele. Bob tinha 9 anos e era pequeno para sua idade. Era um garoto magro, propenso a acidentes, que certa vez teve de ser levado a uma clínica próxima duas vezes em um dia, uma para uma vacina antitetânica depois de pisar num prego enferrujado com o pé descalço e a outra para tirar uma mecha de algodão que entrara demais no seu nariz. Bob estava, como sempre, com o filho de Maxo, Nick, que tinha 10 anos, como Liline e eu. Os pais de Nick haviam se separado logo depois do nascimento dele — sua mãe tinha ido para o Canadá, enquanto seu pai se mudou para Nova York.

Nick carregava uma pequena bandeja com um pedaço de pão e uma garrafa térmica cheia de café. Ao chegar à cama de sua bisavó, abaixou a bandeja e a colocou num lugar plano aos pés dela.

— Ela ainda está dormindo? — Nick olhou para baixo, para o rosto dela. Estava mais pálido que de costume, enrugado e cavado. Os lábios estavam franzidos e as mandíbulas apertadas fortemente, como amarradas uma na outra. O lençol estava puxado sobre seu peito no mesmo lugar em que Tante Denise o arrumara cuidadosamente na noite anterior.

Olhei debaixo de sua cama. O urinol estava vazio. Ela ficou estranhamente quieta durante a noite, eu disse aos meninos, sem acordar para urinar.

— Pensei que ela tivesse pedido o café — disse Nick. Ou mamãe — como chamava agora sua avó — o mandou por conta própria?

De repente ocorreu-me que ela poderia estar morta. Eu já tinha visto montes de cadáveres, não nas camas de suas casas, mas em velórios e funerais na igreja do meu tio.

Antes da operação do meu tio, boa parte do seu trabalho era homenagear os mortos. Mesmo depois da operação, ele comparecia fielmente a todos os enterros da igreja e, acreditando que as crianças não deveriam ser preservadas da ideia ou da realidade da morte, muitas vezes levava Nick, Bob e eu com ele. Então, a visão de um cadáver não era novidade para nós. Mas a tarefa de identificar um, reconhecer a transição do vivo para o morto, sim.

— Vamos pôr um espelho no nariz dela — sugeriu Bob.

Será que ele tinha ouvido alguém falar disso? Será que vira numa das histórias em quadrinhos que ele e Nick estavam sempre lendo?

Ele correu para fora do quarto e voltou com um dos espelhos de bolso de Tante Denise. Quando o colocou no nariz de Granmè Melina, o vidro continuou igual. Não embaçava, nem mostrava nenhum sinal. Ela não estava respirando.

— Veja os olhos dela — sugeriu Nick.

Aproximando o rosto do de Granmè Melina, Bob puxou uma de suas pálpebras. Inclinando-me, vi o que parecia uma pupila castanha com veias bem vermelhas em volta.

— Li mouri — disse tranquilamente. Ela está morta.

— Tem certeza? — perguntou Nick.

A pálpebra não voltou sozinha, então Bob teve de recolocá-la no lugar com o mesmo indicador com que a puxara. Então, tínhamos certeza.

Até sua operação, uma morte significava uma homilia eloquente para meu tio, um sermão que ecoava a declaração de minha amiga de que, sem dúvida, a cada dia, estamos todos morrendo.

"A morte é uma jornada em que embarcamos desde o momento em que nascemos", ele diria. "Uma ampulheta é virada e a areia começa a correr numa direção diferente assim que emergimos do útero de nossa mãe. Graças a Deus aqueles ao nosso redor estão cegos de alegria para perceber isso. De outra maneira, também haveria choro nos nascimentos. Mas, se choramos em uma morte, é porque não a entendemos. Se víssemos a morte como outro tipo de nascimento, exatamente como o Evangelho nos ensina, não choraríamos, mas nos alegraríamos, exatamente como fazemos no nascimento de uma criança."

As homilias do meu tio raramente eram diferentes disso. Porém, durante o enterro de Granmè Melina, quando sentou em silêncio na sua cadeira habitual no altar, ele deve ter pensado em algumas palavras mais pessoais para sua sogra. Pois em algum momento do culto, quando um dos pastores-assistentes foi anunciado, meu tio levantou-se e foi depressa até o púlpito.

Sentada na fileira da frente com a irmã Léone e dois dos irmãos, Tante Denise balançou-se de lado a lado, mudando de posição, pouco à vontade. Ao contrário de Léone, que usava um vestido preto de algodão, liso e de mangas curtas, Tante Denise estava com um vestido de renda negra, com luvas combinando e véu.

Nick inclinou-se para a frente e cochichou para Bob e para mim: "O que papai", como chamava seu avô, "está fazendo?" Estávamos sentados na segunda fileira, atrás de Tante Denise, que se virou e nos lançou um olhar zangado, enquanto tio Joseph ficava imóvel atrás do púlpito. Tante Denise não era de mimar crianças e poderia facilmente ter puxado qualquer um de nós de lado, para uns tapas, mesmo no meio do culto fúnebre da sua mãe.

Ela voltou os olhos de novo para a frente da igreja e, com toda a congregação, olhou novamente para meu tio. Será que ele tinha esquecido que não podia falar? Esperava alguma espécie de milagre? Mas, parado ali, como se surpreendido pelo silêncio, com o rosto fechado, os olhos correndo pelo lugar — a morte de Granmè Melina talvez lembrando quão perto ele estava de morrer —, parecia um pouco mais angustiado do que o resto dos presentes. Pegando o microfone, tirou-o da sua base e levou-o aos lábios. Abriu a boca e, como fazia a cada manhã, junto com o disco da Berlitz, engrolou uma palavra: "Adeus."

Alguns soluços surgiram na congregação, talvez de pessoas que acharam que ouviriam o mesmo murmúrio arquejante que aqueles de nós que estávamos acostumados a ler seus lábios, e falar por ele, muitas vezes achávamos que ouvíamos. Aquele enterro, ele parecia querer dizer, não era como todos os outros a que comparecera, quando desejara poder falar, sem conseguir: os das crianças que morriam por causa de micróbios ou vírus na infância, os dos adolescentes atropelados por motoristas relapsos a caminho da escola, os das mulheres atingidas pela malária, pelo tifo ou pela tuberculose, os dos homens que eram surrados ou mortos a tiros pelos lacaios de François Duvalier e depois, após a morte dele, em 1971, pelo seu substituto e filho, Jean-Claude. Aquela era uma mulher, uma mulher idosa, que viajara um bocado e que vivera uma longa vida. Ele também esperava viver uma longa vida. Trocara sua voz por uma cura. Mas agora ele não podia nem dizer adeus adequadamente.

Dando à luz

Marie Micheline, a filha adotiva de tio Joseph e Tante Denise, estava secretamente grávida em 1974, quando fiz 5 anos e ela, 22. Magra e pequena, ainda assim ela conseguiu esconder sua barriga por quase sete meses, até a manhã em que dormiu demais e perdeu a hora para uma prova importante na escola de enfermagem.

Quando Tante Denise foi acordá-la, viu-a no quarto, deitada de costas, com seu umbigo protuberante apontado direto para o teto.

— Joseph Nosius! — Tante Denise chamou alto por meu tio, como se ela e Marie estivessem em perigo mortal.

Tio Joseph demorou a chegar, mas Liline e eu corremos para a cabeceira de Marie Micheline. Nós a adorávamos, porque ela era simpática e bonita. Mas, acima de tudo, por causa disto: mesmo sendo muito mais velha que nós, ela de vez em quando tirava um tempinho para nos chamar ao seu quarto ou para se sentar junto a nós numa refeição e cochichar nos nossos ouvidos uma história que provava que nossos pais ausentes nos amavam. A minha era a história dos biscoitos amanteigados, que ela me contava e repetia sempre. Não sei os detalhes da história de Liline, mas tinha algo a ver com seu pai deixá-la conosco.

— Ele a amava tanto — ela dizia alto no fim da história — que a deixou conosco.

Com Tante Denise ofegando sobre ela, Marie Micheline se espreguiçou e tentou mandar o sono embora dos seus olhos. Seu cabelo curto estava enrolado em rolinhos apertados de esponja e enfiados na teia grossa e escura de uma redinha. Quando ela tirou a mão dos olhos, parecia não saber o que todas nós fazíamos ali.

— Você tem de ir embora desta casa agora. — Tante Denise puxou-a pelo ombro e a sacudiu. — Seu pai é um pastor. O que acharão dele com uma filha grávida sem o sacramento do casamento?

Claro, ela mesma tinha ficado grávida e deu à luz sem os rituais de uma cerimônina na igreja. Mas sua posição, na época, era diferente. Se não havia tido um casamento religioso, pelo menos ele era reconhecido pela lei civil. Estava apaixonada e junto do seu homem, e ainda não frequentava a igreja.

Marie Micheline olhou para sua barriga, abaixou depressa a camisola e levantou o lençol que deslizara para longe do seu corpo durante a noite. Não olhou imediatamente quando tio Joseph finalmente entrou no quarto. Na época, ele ainda tinha sua voz rouca e profunda e a abaixava ainda mais para mostrar calma.

Sentando-se na frente da cama, ele deu um tapinha de leve nos pés cobertos de Marie Micheline.

— Qual é o problema? — perguntou.

Marie Micheline fitou os olhos dele. Quero entender, eles pareciam dizer. O rosto dela, comprido e fino, que às vezes parecia tão suave e tranquilo como o de uma boneca de plástico, enrugou-se com soluços.

— Ela está grávida — gritou Tante Denise, puxando o lençol e a camisola para mostrar-lhe a barriga de Marie Micheline.

Meu tio ofegou diante do que viu. A barriga de Marie Micheline era pequena, mas cheia de veias. Porém, parecia que logo ia crescer e ocupar o espaço entre seus seios.

— Quantos meses? — perguntou ele.

— Sete — respondeu Marie Micheline, agora segurando a barriga entre as mãos. Ela teimava em ficar com os olhos abaixados, fazendo o possível para não encarar uma furiosa Tante Denise.

— O que fizemos com você? — gritou Tante Denise com uma voz entrecortada e estridente. — Não cuidamos de você desde que era um bebê?

Marie Micheline sentou-se e estendeu os pés para fora cama.

— Eu sabia — ela gritou. — Eu sabia que você agiria assim. Estou grávida, mas não sou ingrata.

Meu tio levantou as mãos, pedindo que ficassem quietas. Depois, mandou que Liline e eu saíssemos do quarto.

— Quem é o pai? — nós o ouvimos perguntar, ao sairmos.

Liline e eu não nos afastamos muito do limiar da porta. O pai, gaguejou Marie Micheline, era Jean Pradel, o mais velho de cinco irmãos que moravam do outro lado da rua. Jean tinha quatro irmãos, cochichavam muitas vezes nossos vizinhos, porque a mãe dele queria ter uma menina.

Os rapazes Pradel eram jovens bonitos, vigorosos e com boa educação, graças ao que a mãe ganhava na loja de sorvetes e refrigerantes e o pai como alfaiate. O pai deles era sombrio e ensimesmado, sempre bem-vestido, e passava os dias em que não trabalhava numa cadeira de balanço, no seu imaculado portão da frente.

— Jean sabe que é o pai? — perguntou meu tio. — Ele negará e nos humilhará? Ou assumirá, como um homem?

— Não sei — respondeu Marie Micheline.

— Levante-se e vista-se — disse meu tio. — Vamos fazer uma visita a monsieur e madame Pradel.

Liline e eu corremos quando eles deixaram o quarto de Marie Micheline e começaram a vir na nossa direção. Enquanto Marie Micheline se vestia, Tante Denise e tio Joseph esperaram na frente da porta do seu quarto, sem trocar uma palavra.

Marie Micheline apareceu com seu uniforme branco e grande demais da escola de enfermagem. Sua barriga ainda não aparecia sob as roupas, mas agora ela fazia menos força para escondê-la, deixando o corpo se mexer naturalmente de uma forma que mostrava claramente suas lutas com a lentidão e o peso extra.

Espremida entre os únicos pais que conhecera, ela andou devagar rumo à casa dos Pradel.

A reunião não durou muito. Quando voltaram, pudemos ver pela cara zangada de Tante Denise e tio Joseph, e pelo olhar desalentado de Marie Micheline, que Jean Pradel havia negado ser o pai.

— Veja o que conseguiu ao se deitar com porcos — disse Tante Denise em voz suficientemente alta para os Pradel ouvirem, sentados todos juntos numa mesa junto à sua porta da frente.

— Pegue suas coisas — disse Tante Denise a Marie Micheline. — Você vai morar com um de seus primos em Léogâne. Vamos lhe mandar dinheiro e comida. Pode voltar quando o bebê nascer.

— Não vamos nos precipitar — interrompeu tio Joseph. — Poderemos voltar e ver o que o rapaz diz. Obviamente ele não tinha contado aos pais e foi pego de surpresa.

— Este é um assunto de mulher — disse Tante Denise. — Deixe-me cuidar disso.

Não pudemos nos despedir de Marie Micheline quando ela partiu no dia seguinte. Muitos dos nossos vizinhos acharam que ela havia sido mandada para fora, a fim de ficar com Maxo. Tante Denise também não a mandou para Léogâne, mas para morar com a mãe de Liline, numa parte distante e pobre da cidade. Logo os Pradel também mandaram Jean para Montreal, onde tinham uns parentes, e nunca mais o vimos.

Durante os dois meses em que Marie Micheline esteve longe, tio Joseph e Tante Denise visitaram-na várias vezes, mas nunca levaram nenhuma de nós, as crianças, com eles. Depois de uma das visitas, ouvi Tante Denise contando para sua irmã Léone que Marie Micheline, com o coração partido pela rejeição de Jean Pradel, casara-se numa cerimônia civil.

— Quem se casaria com uma garota grávida? — perguntou Léone.

— Um homem gentil que quer dar um nome a uma criança abandonada — respondeu orgulhosamente Tante Denise.

— Ele deve querer algo em troca — contestou Léone.

A próxima notícia que recebemos foi sobre o nascimento do bebê de Marie Micheline, que veio saudável ao mundo. Uma menina. Meu tio alugou um pequeno apartamento para ela, seu marido e a filha. Então, ele e Tante Denise foram pegá-los e os levaram a Bel Air. Pagariam alguns meses de aluguel, depois o marido se encarregaria do restante.

Pouco sabíamos do marido de Marie Micheline, a não ser seu nome, Pressoir Marol, e o fato de ter trinta e poucos anos. Depois de meu tio levá-los a sua nova casa, ouvi-o contar a um dos seus amigos que Pressoir falava um pouco de espanhol, o que indicava que ele teria passado um tempo trabalhando como lavrador de cana ou pedreiro em Cuba ou na República Dominicana. O fato de Pressoir mancar ligeiramente também sugeria a possibilidade de um ferimento provocado por esse tipo de trabalho.

Marie Micheline, Pressoir e a bebê, cujo nome era Ruth, vinham muitas vezes comer em nossa casa. No caminho, Marie Micheline tinha de passar pela residência dos Pradel, na porta da qual monsieur Pradel estava frequentemente sentado, acionando o pedal de sua máquina de costura ou olhando para a rua.

Certa tarde, Marie Micheline parou bem na frente de monsieur Pradel e esperou que ele olhasse para cima e a reconhecesse. Como ele não fez isso, ela virou a carinha da bebê para ele e disse:

— Não estou mais interessada em Jean, monsieur Pradel. Onde quer que esteja, só queria que ele conhecesse a filha.

— Você já não tem um marido? — perguntou com desprezo monsieur Pradel.

Vestido com o uniforme jeans dos Tonton Macoutes, Pressoir esperava na nossa varanda, onde Nick, Bob e eu estávamos brincando, e ele também ouviu o diálogo. Ele usava os óculos escuros espelhados que eram a marca registrada dos macoutes e escondiam completamente seus olhos. Furioso, correu até Marie Micheline e a pegou pelo cotovelo, quase fazendo Ruth se soltar do seu braço. Pressoir não tinha permissão para usar uma arma, única razão para ele não atirar na hora em Marie Micheline e em monsieur Pradel.

— Sua vadia, sua vagabunda sem-vergonha — gritou, empurrando Marie Micheline para nossa casa.

Meu tio foi ajudá-la. A essa altura, Ruth já acordara e estava chorando.

— O que está acontecendo? — Meu tio parecia igualmente perplexo tanto pelo choro de Ruth e pelos soluços de Marie Micheline quanto pelo uniforme ameaçador de Pressoir. — Você é um macoute? — ele perguntou a Pressoir, enquanto balançava a cabeça, mostrando seu espanto e sua desaprovação.

— Minha mulher não virá mais aqui — disse Pressoir, ignorando a pergunta do meu tio. — De agora em diante, se quiserem vê-la ou a bebê, terão de ir à nossa casa.

Tante Denise precipitou-se para fora da cozinha e limpou o suor da sua testa marcada com o canto do lenço florido que usava em volta da cabeça.

— O que você está dizendo? — perguntou, agora também soluçando. — Ela é minha filha. E esta é nossa neta.

— Foi o que ouviram — respondeu Pressoir. — Pensei que ela viesse aqui para ver vocês. Não é o que está fazendo. Então não tem permissão de vir.

Dois dias depois, Pressoir se mudou com Marie Micheline e Ruth do lugar que meu tio alugara para eles. Deixou um recado com o senhorio para minha tia e meu tio de que agora tinha uma arma e que Marie Micheline estava proibida de ver qualquer pessoa. Para evitar que descobrissem onde ela e Ruth estavam, ele as mudava de casa constantemente, ficando com outros macoutes só alguns dias de cada vez, às vezes separando-as e colocando Ruth sob os cuidados temporários de estranhos.

De vez em quando, meu tio conseguia descobri-las perto do oceano, alguns quilômetros ao sul de Porto Príncipe, e as visitava quando Pressoir estava fora. Certa vez, quando Pressoir soube que ele havia estado lá, mudou-as outra vez para os arredores de Latounèl, uma aldeiazinha nas montanhas de Léogâne.

Depois de dois meses sem ter notícias de Marie Micheline, meu tio finalmente soube onde ela estava por meio de um amigo da família que morava na mesma região. Decidiu que, apesar dos riscos, iria até lá e a traria para casa.

Subindo as acidentadas trilhas montanhosas numa mula emprestada ao meio-dia, meu tio achou que nunca chegaria à aldeia. A mula estava andando num passo constante, mas meu tio sentia calor, sede e estava coberto de suor, com dores na cabeça e nas costas. Ainda assim, tudo em que ele podia pensar era ver de novo Marie Micheline e a bebê. Culpava-se por ter deixado Tante Denise mandá-la embora quando estava grávida. Por que ele não forçou a anulação do seu casamento? Deveria ter insistido mais, ter sido muito mais desconfiado. Quem se casa com uma garota grávida — como Léone perguntou —, mesmo tão bonita e inteligente como Marie Micheline, a menos que tenha algo por trás disso? No caso de Pressoir, esse algo parecia ser crueldade e loucura.

Quando chegou à aldeia, meu tio foi até a casa da maior autoridade ali, o chefe de distrito, um velho desdentado, que com seu uniforme de jeans engomado e seus óculos escuros espelhados lhe fez lembrar um Pressoir muito mais jovem.

"Um homem cujos olhos não se podem mirar não é um homem em que se possa jamais confiar", dizia muitas vezes seu pai, Granpè Nozial.

Os macoutes tinham atitudes semelhantes, uma aparência tosca que fazia os magros parecerem sólidos, os baixos parecerem altos. Afinal, todos eram igualmente intimidantes, pois representavam o governo. Fosse Pressoir ou esse velho, cada um tinha o poder de decidir se meu tio poderia viver ou morrer, se a filha dele viveria ou morreria.

Pondo hesitantemente a mão no ombro do velho, meu tio disse:

— Pai, como seu cabelo é branco o bastante, e o senhor é velho o suficiente para eu poder chamá-lo de pai, por favor me ajude, a outro pai, a libertar minha filha de sua escravidão.

Deu a ele o equivalente a 5 dólares americanos, que desejou ter de volta quando o velho disse:

— Pressoir agora é um grande chefe de verdade, um macoute da cidade. Nenhum de nós pode traí-lo. Sua filha não é a única garota que ele teve nessas condições. Há muitas outras. Muitas.

— Então, por favor, pai — meu tio implorou, embora tentando conservar a calma —, faça-me só este favor. Esqueça que me viu, mas não partirei sem minha filha e sua criança.

— Não direi nada para ele — respondeu o velho enquanto embolsava o dinheiro. Deu, com relutância, informações para chegar à casa de um cômodo em que Marie Micheline vivia.

Meu tio descobriu a casa subindo uma ladeira próxima. Então arranjou um lugar escondido para a mula pastar, no qual descansou até o crepúsculo. Quando a lua subiu no céu, ele viu Pressoir sair com sua farda completa, talvez para ir a um comício. Seu coração começou a bater depressa. E se houvesse mais alguém lá? E se Pressoir voltasse? E se ele cometesse um erro e só tornasse as coisas piores para Marie e a bebê?

Finalmente, ele reuniu coragem suficiente para subir a ladeira e ir até a casinha. Marie Micheline estava deitada de costas numa esteira trançada com folhas de bananeira, que era, além de um jarrinho de barro e um lampião de querosene, a única coisa no pequeno lugar. As paredes de pedra calcária eram cobertas de folhas de jornal e pedaços de velhos boletins que ele imaginou que ela lia sem parar para se manter esperançosa e tranquila.

— Vini — disse meu tio, inclinando-se e pegando-a nos braços.

— Papai, é você mesmo? — ela cochichou. Agora, ele pôde ver que suas pernas estavam cobertas de bolhas cheias de pus, feridas abertas e descoloridas. Seu rosto cavado estava quente e suado. Ela estava com febre. — Ele me bateu. Ele me bateu nas pernas com uma vassoura, com as pederneiras, quando tentei escapar. — Ela começou a chorar, com lágrimas ainda mais quentes no braço dele do que sua pele.

— Onde está Ruth? — ele perguntou.

Ela apontou para a porta, na direção de outra ladeira. O bebê estava com uma família mais acima na rua, cochichou.

— Eles são bons. Devolverão a bebê para mim — disse.

— Vamos, então. — Ao saírem da casa, ela tropeçou, equilibrando-se no momento em que quase caiu de cara. Ele a envolveu nos braços, achando que ela agora sentia por ele o mesmo que sentira quando o pai dela a colocara nos seus braços, quando bebê, confiando que cuidaria dela, que ele sempre a protegeria do mal.

Lá fora, o céu noturno estava cheio de estrelas, o tipo que ele raramente tinha tempo para olhar e examinar na cidade, do jeito que fazia quase toda noite quando menino.

— Papai — ela sussurrou, com a boca agora tão junto à orelha dele que seu hálito queimou o lóbulo de tio Joseph. — Papai, mesmo que os homens não possam dar à luz, você acaba de fazer isso. Para mim.

A volta

Em uma tarde de outubro de 1976, quando eu tinha 7 anos, Bob, Nick e eu estávamos sentados na varanda da casa do meu tio, decorando, como qualquer outro estudante do Haiti, nossas lições habituais para o dia seguinte de aulas, quando vimos figuras estranhas dobrarem a esquina da rue Tirremasse e vir na nossa direção.

Uma delas era um homem com um terno marrom de três peças que parecia estar sendo usado pela primeira vez. Carregava uma maleta numa mão e agarrava o cotovelo de um menino com a outra. Uma mulher robusta seguia-o com um bebê nos braços. Logo atrás deles havia um motorista de táxi e alguns rapazes, que carregaram quatro malas grandes até a varanda e as deixaram aos seus pés.

A primeira coisa que percebi quando olhei para cima, além da bagagem enorme e larga, foi o sorriso do homem. Era imenso, cavernoso, com dois dentes dourados bem na frente.

— Edwidge, é papai — disse ele, apertando seu sorriso largo no lado do meu rosto. Cheirava a uma colônia cujo aroma não consegui reconhecer, de viagem e lugares remotos.

Era realmente meu pai, fiquei pensando, esse homem magro, alegre, com uma barba grossa e escura, que acariciava seu gogó quando abaixava a cabeça? Ele não tirava os olhos de mim, deixando-os vagar só por uns segundos, quando pôs a mão no bolso para pagar o motorista e os rapazes que o ajudaram com as malas.

Até esse instante, além dos biscoitos amanteigados e das palavras contidas de suas cartas, meu pai fora sobretudo um sentimento para mim, poderoso mas vago, sem um rosto de verdade, um corpo de verdade, como aquele que surgia sobre o menininho cor de noz-pecã que olhava para Nick, para Bob e para mim.

— Edwidge? — Minha mãe chegou ao portal da frente, preenchendo o buraco restante no círculo que agora era todo nosso. — Venha dar um beijo em sua mamãe — disse.

Ela parecia mais pesada do que eu me lembrava, e sua pele cor de cobre estava mais clara. O bebê no seu colo dormia.

— Mamãe? — O queixo de Bob caiu. Ele correu até ela e depositou um beijo no primeiro lugar que seus lábios atingiram no corpo dela, a saia lisa de lã que cobria suas pernas. Equilibrando o bebê num dos braços, ela se abaixou e com a outra mão acariciou a cabeça dele, de leve, suavemente, por muito tempo. Ele, por sua vez, continuou grudado na sua saia, enfiando o rosto bem fundo nela, como se estivesse chorando e não quisesse que o resto de nós visse.

Pensei que ele a tivesse esquecido. Ela partiu quando ele tinha 2 anos, a idade que eu tinha quando meu pai foi embora, porém o que o atraía para ela — saudade, dor, curiosidade — me mantinha longe dele.

— Bob — meu pai se adiantou e o puxou gentilmente.

Bob virou-se para o rosto abaixado de meu pai e beijou sua bochecha. Meu pai ficou contente, esfregando a cabeça de Bob com a palma da mão.

— Este é seu irmão Kelly — disse meu pai, apresentando-o ao menininho que estava ao seu lado.

Foi graças a Kelly que nossos pais puderam voltar ao Haiti. Mesmo que houvessem passado do prazo dos seus vistos de turistas, o nascimento de Kelly nos Estados Unidos tornara-os instantaneamente aptos para a residência permanente, o que não é mais possível hoje.

Contudo, antes de as coisas se resolverem definitivamente, tinham de preencher a papelada no consulado em Porto Príncipe, e só então poderiam pedir que Bob e eu nos juntássemos a eles em Nova York.

— Tem algum adulto aqui? — perguntou meu pai, dando um tapinha no meu ombro.

Era o fim da tarde, quase a hora do jantar. As aguadeiras tinham acabado de encher seus baldes na torneira municipal perto do Lycée Pétion e estavam entoando a canção que às vezes ouvíamos quando nossa reserva estava baixa.

Dlo, dlo, dlo pou vann.

Tenho água para vender.

Na esquina onde o beco virava para a rua, Boniface, o ferreiro, batia num tambor de gasolina, transformando-o numa fina folha de metal que ele moldaria em uma coroa para vender no cemitério. Dois dos irmãos Pradel alternavam-se recitando suas lições em voz alta com um refrão unificado. Dois outros estavam jogando futebol no portão dos pais, com uma lata vazia de leite. Sua empregada, uma garota mais jovem do que todos eles, começou a queimar o monte de lixo semanal, enchendo de repente o beco com fumaça branca malcheirosa.

Meus pais foram para dentro da casa a fim de evitar a fumaça. Guiado por Bob e Nick, meu pai fechou as venezianas e empilhou suas malas perto das poucas cadeiras da sala de visitas.

Tante Denise estava fazendo o jantar e tio Joseph tirava uma soneca. Eu disse para Bob ir chamá-la, então corri até o quarto no qual meu tio estava deitado encolhido, de lado, com o peito nu. Ele se assustou quando o sacudi e lhe passei uma camisa que ele havia deixado sobre o criado-mudo.

— Meu pai e minha mãe estão aqui — falei.

Ele me olhou como se eu tivesse duas cabeças. Porém, vestiu-se depressa e me seguiu.

— Frè m. — Meu pai correu para os braços do meu tio.

— Por que não me avisou que estava vindo? — disse meu tio.

Ficaram abraçados por um instante, ligados, como se um não pudesse nunca soltar o outro. Recuando primeiro, meu pai deixou uma marca de seu rosto molhado na frente da camisa do meu tio.

— Mesi frè m — disse meu pai. — Obrigado por cuidar dos meus filhos.

— Mira — disse meu tio, rindo. Mira era o apelido do meu pai, abreviatura de Miracin, seu nome do meio. Era, pelo que soube, como todo mundo o chamava. — Estas crianças quase cuidam de si mesmas.

Tante Denise saiu da cozinha e, embora imeditamente alegre, ainda censurou minha mãe com um dedo apontado em riste por não ter avisado que estavam vindo. Meu pai pediu a Bob e Nick que comprassem um maço de cigarros e eles correram para uma loja, felizes por terem uma tarefa tão importante a cumprir.

— Venha — disse minha mãe, batendo na cadeira ao seu lado. Ela cheirava a coco, o que às vezes eu imaginava que vinha do seu creme de cabelo. Sua voz, entrecortada e rápida, fora sumindo lentamente da minha lembrança. Eu queria me inclinar e colocar a cabeça no seu braço, exatamente como fizera no banco traseiro do carro no dia em que ela partiu, mas era tímida demais para isso.

O bebê tinha acordado, com o rosto redondo enrugado e amassado.

— O nome dele é Karl — ela disse —, e ele tem dois meses.

Olhando para Karl, todo aninhado nos braços de nossa mãe, não pude evitar sentir inveja. Se ela pôde trazê-lo de Nova York para cá, por que não pudera levar Bob e a mim quando partiu? Ao mesmo tempo, pude perceber pelo jeito como ela de vez em quando passava os dedos sobre o rosto dele e o meu, que ela queria que ele fosse um elo entre nós.

— Posso segurá-lo um pouco? — perguntei.

Sem costume de segurar bebês, espantei-me quando ela se inclinou e realmente colocou o corpinho dele, molenga e sinuoso, em meus braços.

Nossa família espalhada reuniu-se rapidamente quando correu a notícia da chegada dos meus pais. Enchendo a sala estavam as irmãs do meu pai, Tante Zi e Tante Tina. Além deles, os irmãos de Tante Denise, George e Bosi, Marie Micheline e Ruth, de 2 anos, que junto com Kelly pulava, saltava e se metia entre nossas pernas. Com um cigarro em punho, meu pai estava em toda parte e sorria para todos. Membros da família, inclusive minhas tias e até estranhos que encontraram meu pai durante essa visita, disseram-me que acharam seu charme magnético e contagiante, quase como se fosse um astro de cinema ou um político. Mas depois meu pai me disse que era fácil ser encantador quando se voltava para casa de uma viagem que fora sonhada, treinada e ensaiada na sua cabeça durante anos. Mesmo o cigarro era como um acessório numa peça. Ele era um ator interpretando o papel de alguém que desejava não ser um operário ou um motorista de táxi.

Naquela noite, entre cigarros, ele contou-nos como era Nova York.

— Como é a neve? — perguntou George, irmão mais velho de Tante Denise.

Meu pai não falou sobre como a neve pode ser fria e úmida ou sobre como pode se tornar escorregadia e perigosa quando congelada e endurecida. Não falou sobre a beleza de cada floco ou sobre como alguns centímetros deles podem parecer um tapete descorado sobre uma cama cheia de calombos. A única coisa com que podemos compará-la, disse apenas, é o granizo.

— Ouvi dizer que pode ser perigoso em Nova York — disse Bosi, o outro irmão de Tante Denise. — Tão perigoso quanto com os macoutes aqui.

Isso levou meu pai a falar de duas lendas urbanas da comunidade haitiana de Nova York. Uma mulher era roubada toda semana por um rapaz mascarado no elevador do seu edifício. Um dia ela levou uma faca de cozinha, que usou para esfaquear o ladrão. Quando tirou a máscara do assaltante, descobriu que era seu filho. Na outra história, um rapaz levou uns colegas de escola até os 5 mil dólares que sua mãe escondia no colchão e, numa luta pelo dinheiro, a mãe foi baleada.

Meu pai contou essas histórias como se as tivesse visto acontecer. No elevador, no quarto. Enquanto ele falava, os que ouviam suspiravam de espanto, de medo, de admiração por sua coragem.

— Nova York é como o Haiti de hoje — disse, enquanto puxava um Kelly com cara de cansado para o seu colo —, é um lugar onde só os corajosos sobrevivem.

Meu pai bocejou, lembrando-nos que ele, minha mãe, Kelly e Karl tinham um compromisso no consulado americano de manhã cedo. Vestindo o pijama, imaginei se Bob e eu teríamos nossa rotina de dormir alterada — ele com Nick e eu com Liline — para ficarmos com nossa família pródiga. Mas não havia espaço suficiente. Em um dos quartos vagos, meu pai e Kelly já estavam compartilhando uma cama estreita, então minha mãe e Karl poderiam ter uma para eles.

Esperei até todo mundo na casa estar deitado antes de dizer boa-noite. Andando nas pontas dos pés, avancei silenciosamente pelo corredor para não acordar o bebê. Minha mãe já estava dormindo com Karl ao seu lado. Antes de minha mãe nos deixar, uma noite, ela e Bob estavam dormindo juntos, bem apertados um contra o outro, como ela e Karl estavam agora. Essa foi minha primeira experiência de um ciúme que quase partia o coração.

Agora só havia meu pai para eu dizer boa-noite, e Kelly, cujos olhos estavam bem abertos, com seus cílios superlongos batendo entre a vigília e o sono. Evitando os pelos duros da barba espetada do meu pai, fechei os olhos quando beijei sua face. E mesmo quando ele me puxou para seus braços, me fez cócegas nas costelas e tentou me fazer rir, eu ainda tinha certeza de que, quando abrisse meus olhos, ele teria ido embora.

Na manhã seguinte, meus pais saíram cedo para ir ao consulado. Quando Bob, Nick e eu tomávamos o café, a casa parecia estranhamente vazia, deserta-da por suas súbitas, mas agora vitais, presenças.

Mexendo-se na beira da sua cadeira, Bob disse:

— Mamãe e papai tinham um compromisso. Vão voltar.

— Fique quieto — ordenei. — Você não sabe o que está dizendo.

— Sei, sim — ele respondeu. Sua boca se esticou para cima e parecia que ele iria chorar.

Pude imaginá-lo anunciando às outras crianças da sua classe que seus pais, que os colegas sabiam que moravam em Nova York, tinham voltado. Ele não parecia entender que não tinham vindo para ficar.

De volta da escola, encontramos meu pai sentado na sala junto do meu tio, os dois examinando um punhado de fotos do enterro da mãe deles. Granmè Lorvana morreu logo depois que todos mudaram para Bel Air e foi o primeiro membro da nossa família a ser sepultado fora de Beauséjour. O funeral dela foi o primeiro de nosso clã com músicos contratados seguindo seu carro fúnebre enquanto ele avançava rumo a um recém-construído mausoléu da cidade. Nas fotos do enterro de sua mãe, meu pai, de bigode e jovem, estava de pé junto ao mausoléu novinho, com seus irmãos e irmãs.

— Veja esta. — Meu pai estendeu uma das fotos para o irmão, lembrando-me imediatamente do jeito como Bob e eu às vezes buscávamos a atenção do meu tio. Na maior parte da vida do meu pai, meu tio havia sido mais uma figura paterna do que fraterna. Com 12 anos de diferença entre eles — nessa época meu tio gostava de dizer que com 12 anos já se era um homem —, nenhum dos dois tinha lembrança de brincarem juntos alguma vez. Quando meu pai nasceu, meu tio estava ocupado demais estudando, trabalhando e fazendo o possível para cuidar da família.

— Como foi a escola? — perguntou meu tio, levantando o olhar das fotos para Bob e para mim.

— Como foi? — ecoou meu pai.

Bob adiantou-se e, ignorando completamente meu tio, pulou no colo de meu pai.

— Muito bem, não vou me esquecer disso — brincou meu tio.

Inclinei-me para a frente e beijei os dois nas bochechas. Tendo o cuidado, depois do pouco caso do meu irmão, de beijar primeiro o meu tio. Quando fiz isso, meu pai enfiou a mão no bolso da calça e estendeu a Bob um punhado de centavos americanos. Algumas das moedas de cobre eram brilhantes e novas, outras, mais velhas e escuras. Quando meu irmão tentou sacudi-las na sua mãozinha, muitos dos centavos escorregaram e caíram no chão, rolando para cantos invisíveis sob sofás e cadeiras.

Semanas, meses depois de meu pai partir, eu achei seus centavos pela casa toda, em cantos remotos do chão da sala, entre as almofadas sobre a cama onde ele tinha dormido. Antes de decidir o que fazer com tudo aquilo, eu colocava papéis sobre as moedas e traçava a silhueta do homem de um lado, um homem barbudo como meu pai.

Tendo garantidos os papéis da residência, meus pais planejavam ficar mais uma semana. Mas precisaram encurtar a visita quando Kelly e Karl tiveram diarreia. Meu tio levou-os à clínica próxima, na qual Marie Micheline trabalhava como enfermeira-chefe. O médico aconselhou meus pais a levá-los rapidamente de volta a seus médicos nos Estados Unidos.

Desta vez, no aeroporto, minha mãe parecia ansiosa quando apertava no colo um Karl que não ficava quieto. Andando para a escada externa que levava ao avião, meu pai fez Kelly acenar para a varanda no segundo andar, onde estávamos de pé tio Joseph, Tante Denise, Bob e eu. Na porta do avião, minha mãe arrumou Karl nos braços e soltou uma de suas mãos para acenar. Não nos disseram nada. Será que voltariam? Será que logo nos juntaríamos a eles? Pensei já nessa época que nunca dizem as coisas diretamente para nós. Isso implicaria que tivéssemos uma opinião, quando na verdade não tínhamos nenhuma.

No aeroporto, pensei que eu fosse chorar, fazer outra gritaria, como na primeira vez em que minha mãe partiu, mas não fiz nada, nem Bob. Éramos bem mais velhos agora, e mais habituados a estar sem eles do que com eles. Pelo menos, lembro-me de ter pensado, nós os vimos outra vez.

Um pai feliz, um pai triste

Em 1980, quatro longos anos depois da visita dos meus pais, o consulado americano respondeu por escrito ao pedido do meu tio para que Bob e eu passássemos por um exame para ver se tínhamos saúde suficiente para ir aos Estados Unidos. Eu tinha 11 anos.

Geralmente, um exame assim era a última etapa para a aprovação de um pedido, então todo mundo começou a falar comigo como se eu já tivesse ido.

— Em Nova York — disse Tante Denise —, você terá de se comportar e ajudar sua mãe.

— Em Nova York — falou Marie Micheline —, você vai ter que escrever para mim toda semana para praticar o seu francês.

— Em Nova York — pediu Nick —, veja se me compra um relógio bonito.

— Em Nova York — disse Liline —, veja se me acha um colar de ouro.

Eu concordava com tudo, claro. E pensava: quando eu for a Nova York, precisarei ser uma escrava para cumprir todas as promessas que fiz.

Porém, entre nós e Nova York havia uma lista de médicos aprovados pelo consulado e o amplo exame que precisávamos fazer.

Meu tio escolheu um médico cuja clínica era o mundo intermediário entre nossos pais e nós. Nas paredes da sua sala de exames havia pôsteres sobre higiene em crioulo, francês e espanhol, além de diplomas de universidades haitianas e americanas.

O médico era baixo e troncudo, com a pele da mesma cor que seu cabelo preto crespo, que usava repartido para o lado. Ao puxar minha cabeça e me mandar abrir a boca, falou em francês, depois repetiu em inglês.

— Parce qu'il faudra bientôt apprendre l'anglais — disse. Porque você logo terá de aprender inglês.

Enquanto Bob e meu tio olhavam, ele me fez estender a língua, apalpou meu pescoço para ver se havia glândulas inchadas, auscultou meu coração e pulmões com seu estetoscópio, então bateu nos meus joelhos com um martelinho, fazendo minhas pernas se levantarem involuntariamente. Depois, fez o mesmo com Bob e escreveu um pedido de raios X do tronco para ser levado ao hospital público mais à frente na rua.

A salinha de espera sem janelas do departamento de cardiologia do hospital público estava cheia, com muito mais pacientes do que poderia abrigar confortavelmente. Muitos já estavam internados no hospital e ficavam deitados em macas no corredor estreito. Outros se sentavam nas poucas cadeiras disponíveis ou no chão de cimento rachado, com seus membros fraturados envoltos em bandagens e tipoias caseiras. Outros tentavam tossir discretamente, embora apertassem seus peitos e escondessem as manchas de vermelho vivo que haviam cuspido em seus lenços, um sinal seguro de tuberculose.

Quando chegou minha vez, segui a atendente até uma sala escura com uma máquina enorme. Disseram a meu tio e a Bob que esperassem do lado de fora, então fui deixada no escuro com a estranha. O brilho foi como um flash ou um relâmpago. A atendente deu a volta, desta vez me colocando de perfil.

Meu tio e eu ficamos esperando no corredor quando chegou a vez de Bob. Andando para a frente e para trás, meu tio ficou com a cabeça abaixada e as mãos nos bolsos. Desde sua operação, hospitais deixavam-no extremamente nervoso.

Poucos dias depois, o médico nos avisou que deveríamos voltar a seu consultório. Quando entramos na sala de exames, ele usava uma máscara cirúrgica branca.

— Os raios X chegaram — disse, olhando só para o meu tio. Sua voz estava levemente distorcida pela máscara, então ele a levantou um pouco para garantir que meu tio o ouvisse. — Há um problema.

Ele sabia que tio Joseph não podia falar e não esperou uma resposta.

— Essas crianças — disse ele, olhando rapidinho para Bob e para mim — parecem estar com tuberculose.

Meu tio levantou as sobrancelhas para mostrar espanto. Eu também estava surpresa. Afinal, não tínhamos uma tosse que nos fizesse cuspir sangue. Será que agora ficaríamos em quarentena, nos mandariam para o sanatório?

Uma das primas de Liline, que se chamava Melina por causa de Granmè Melina, teve tuberculose grave aos 16 anos. Ela visitava Liline de vez em quando e eu vi como ela parava frequentemente o que estivesse fazendo para se dobrar e tossir. Acabou sendo mandada para o sanatório e morreu algumas semanas depois de fazer 17 anos.

Por dormir na cama superior, acima de Liline e dela, nas poucas vezes em que ela passou a noite na casa do meu tio, provavelmente peguei tuberculose e a transmiti a meu irmão. Ou talvez Bob a tivesse contraído de algum menino na escola que nem sabia estar com a doença e a passara para mim.

— Felizmente a tuberculose deles não está ativa — disse o médico. — Mas temos de tratá-la imediatamente para garantir que continue assim. O tratamento durará seis meses.

"Isso quer dizer que vou morrer?", eu quis perguntar.

A boca do meu tio estreitou-se num pequeno "o". Seis meses de tratamento significavam mais seis meses no Haiti. Isso queria dizer mais seis meses com meu tio e minha tia e com nossos primos e amigos, mas também mais seis meses longe dos nossos pais e irmãos. Naquele momento, sentada na velha e espinhenta cadeira de vime do médico, eu não estava interessada em nada disso. Apenas não queria ter tuberculose e certamente não queria morrer.

Relembrei esse momento quando, no começo da doença do meu pai, após uma internação de uma semana que se seguiu a uma consulta no pronto-socorro, por falta de ar, ele foi isolado no hospital de Coney Island, pois seu exame de pele deu positivo. Os médicos ainda não haviam eliminado a possibilidade de tuberculose, e todos os funcionários do hospital, inclusive as visitas do meu pai, precisavam usar máscaras cirúrgicas antes de chegar até o leito dele, numa parte isolada da enfermaria. Talvez, lembrando os horrores da tuberculose — outrora tão fatal quanto a aids nos primeiros anos do vírus —, o espectro da mortalidade que apresentava e o fato de que, em Bel Air, a palavra *tibèkile*, ou portador de tuberculose, muitas vezes era gritada como um insulto, quando esteve de quarentena no hospital de Coney Island meu pai pediu a meu irmão Karl que dissesse aos médicos que vários haitianos têm o resultado do exame de pele positivo, mesmo que não tenham tuberculose ativa.

— Eu não tenho a doença — insistiu. — Diga a eles.

"Não temos essa doença", eu queria gritar naquele dia, quando o médico nos dava — ou melhor, ao meu tio — as nossas receitas.

— Mesmo que não estejam infectados, todo cuidado é pouco — disse o médico. — Agora devem usar seus próprios utensílios. Nada de compartilhar com os outros.

Como todos compartilhávamos refeições e utensílios em casa, isso seria uma lembrança constante para nós e para todos de que nossos corpos hospedavam um contágio potencialmente letal.

— Eles têm de seguir rigorosamente o tratamento — continuou o doutor. — Devem tomar os comprimidos todo dia ou o vírus vai ficar mais forte e irá para outras partes do corpo. A menos que seus raios X estejam diferentes daqui a seis meses, eles não poderão viajar.

Escreveu duas receitas, que deu para meu tio.

— Não se esqueçam — disse-nos, finalmente olhando para nossos rostos. — A cada manhã que tomarem os comprimidos, estarão mais perto de Nova York.

Meu tio parou em uma farmácia na Grand Rue, onde sua irmã caçula, Tante Zi, tinha um estande de papelaria. Cercada por montes de canetas e agendas, Tante Zi pulou da sua cadeira e instantaneamente envolveu Bob com seus braços.

Das irmãs do meu pai, Tante Zi era a mais brincalhona. Baixa e gorducha, com sua aparência toda redonda e parecendo um travesseiro de penas, ela gostava de puxar Bob e a mim para seus braços sempre que nos via e enfiava a cabeça em nossas nucas, fazendo-nos cócegas com a ponta do nariz.

Ela e Bob estavam num desses abraços quando eu soltei:

— Você não pode mais fazer isso.

— Por que não? — Ela largou Bob, dando-lhe uma caneta nova em folha e um bloco para rabiscar quando ele se sentou no banquinho à sua frente.

— Porque temos tuberculose — eu disse.

Ela pareceu espantada, olhando para meu tio a fim de confirmar a informação. Meu tio deu de ombros, depois bateu uma mão sobre a outra, como que dizendo: "O que você vai fazer?"

Como resposta, Tante Zi fez um gesto para que eu me aproximasse e, como sempre, envolveu-me com os braços e gentilmente enfiou o nariz na minha nuca.

Desde esse dia, a cada manhã antes da escola, mesmo que outras crianças passassem e ficassem olhando, meu tio enfileirava Bob, Nick e eu na varanda da frente e, enquanto Tante Denise segurava nossas canecas de cerâmica para água — nossas, pois não podíamos compartilhá-las com ninguém —, ele nos dava os comprimidos que pareciam aspirina e que deveriam nos curar. Nick, como se soube, também tinha sido reprovado nos seus raios X preventivos e tinha de ser tratado conosco. Liline, entretando, teve exames negativos.

Assim que o comprimido estava em nossas bocas, meu tio dava a cada um de nós uma grande colher cheia de óleo de fígado de bacalhau, que precisávamos engolir devagar antes de Tante Denise nos entregar a água.

Talvez com medo de que engasgássemos, ela sempre gritava: "Fè vit, fè vit", mandando nos apressarmos e engolirmos as pílulas, antes de pegar as canecas de volta.

Durante nosso tratamento, Bob ficou com uma erupção de um palmo de largura nas costas, que ora sangrava, ora criava uma crosta. Primeiro o médico, que comecei a chamar de dr. Tuberculose durante nossos checapes mensais, disse-nos que a erupção de Bob nada tinha a ver com o remédio, mas então eu fiquei com uma lesão ainda maior na minha nádega direita e ele foi forçado a admitir alguma ligação. Nick, por outro lado, perdeu completamente o apetite, emagreceu mais de 3 quilos e se queixava constantemente de estar com os pés frios.

Felizmente, as erupções, o frio e a falta de apetite desapareceram quando nosso tratamento acabou, seis meses depois. Após outra série de raios X, o dr. Tuberculose nos deu permissão médica para viajar aos Estados Unidos.

Mas surgiu outro problema. Durante os seis meses do nosso tratamento, meu pai foi demitido da fábrica de vidro em que trabalhava. Como meus pais, Kelly e Karl agora sobreviviam da modesta renda da minha mãe, operária numa tecelagem, nosso pedido foi posto de lado até meu pai conseguir provar que ele e minha mãe ganhavam o suficiente para sustentar todos nós. Nessa época, exatamente quando meu tio mais precisava deles, meu pai parou de escrever cartas. Na sua mensagem final, ele propôs que tentássemos os centros da Teleco, a companhia nacional telefônica, agora muito mais baratos.

Enquanto esperávamos papai achar outro emprego, todo domingo à tarde tio Joseph, Bob e eu íamos ao centro telefônico perto da loja de tecidos em que meu tio trabalhava e nos espremíamos em uma cabine telefônica estreita com paredes finas de papelão e tentávamos falar com meus pais. As conversas eram sempre as mesmas. Meu tio rabiscava umas anotações no bloquinho que tinha no bolso da camisa: cartas instantâneas que em algumas frases atualizavam nossos pais sobre nosso estado de saúde, nosso desempenho escolar, nossas notas, o que havia de novo sobre nosso pedido de imigração. Eu repetia cuidadosamente as frases rabiscadas por meu tio, observando seus lábios para o caso de modificações. Lá dentro era quente e apertado com nós três, e de vez em quando meu tio tinha de trocar de lugar conosco no banquinho estreito, quando passávamos o fone de um lado para outro. Meus pais me interrompiam de vez em quando para fazer um comentário ou responder a uma pergunta, e eu tinha de parar e esperar pela resposta do meu tio antes de falar outra vez. O resto do tempo era para meus pais falarem diretamente conosco.

— Agora, conte-me como você está — minha mãe dizia.

— Byen — eu respondia. Bem.

Na extensão, meu pai perguntava:

— Você está sendo uma boa menina, não é?

— Wi papa — eu respondia, achando que já tinha falado bastante com eles usando as palavras do meu tio.

— Arranjei um emprego — meu pai anunciou certa tarde de domingo.

— Bravo! — escreveu meu tio.

— Bravo — repeti.

Quase podia imaginar a cara do meu pai, um sorriso largo que mostrava como ele também estava orgulhoso de si mesmo.

Poucos meses depois, chegou uma carta na casa de Bel Air anunciando que deveríamos comparecer ao consulado americano dentro de alguns dias.

No centro da vida de tantas famílias, foco de tantos pensamentos e orações, *le consul*, ao vivo, era apenas um homem branco bem bronzeado, com olhos profundamente verdes. Era o próprio cônsul ou apenas um dos muitos empregados que formavam o pastiche de sua identidade? Não sabia então e não sei agora. Porém, o homem diante do qual comparecemos naquele dia usava uma camisa branca fina, sem camiseta por baixo. As unhas dos seus dedos eram marrom-avermelhadas, parecendo ter terracota por baixo.

Quando sentei com meu irmão e meu tio, separados do homem de olhos verdes por uma mesa de madeira envernizada, ele olhou nossos documentos, um arquivo grosso acumulado nos cinco anos anteriores, os exames de sangue para comprovar a paternidade do meu pai, o diagnóstico e os tratamentos de tuberculose, até os raios X dos nossos pulmões, tanto antes quanto depois do tratamento, e finalmente, pelo que ouvi dizer mais tarde, referências sobre o caráter, feitas pelos amigos de meus pais, empregadores e o pastor, os contracheques dos meus pais, declarações de banco, devoluções de impostos, uma versão resumida de quem eles tinham de ser para poderem viver no mesmo país que seus filhos.

— Ta maman, ton papa te manquent? — Você está com saudade da sua mamãe e do seu papai? O homem inclinou-se sobre a mesa para me perguntar, depois ao meu irmão.

Pendurada na parede atrás dele havia uma grande bandeira americana, as estrelas literalmente se derramando do quadrado no canto, suas beiradas pontudas misturando-se à parede. Achando que era a coisa certa a fazer, nós dois assentimos, como saudando a bandeira contra a qual nosso avô lutara, que nossa mãe e nosso pai tinham adotado há quase dez anos e que estávamos prestes a tornar nossa. Enquanto minha cabeça ia para cima e para baixo, senti que minha vida antiga escorregava para longe rapidamente. Estava me entregando não apenas a um país e a uma bandeira, mas a uma família da qual nunca tinha sido parte.

— Vou deixar vocês bem contentes. — O homem pegou um carimbo e agitou-o no ar à nossa frente, antes de batê-lo na primeira página de cada um de nossos arquivos. — Vocês foram aprovados — ele disse, no que deve ter sido uma musiquinha oficial. — Estão livres para se juntar a seus pais, para o melhor e para o pior.

Pour le meilleur et pour le pire, ele disse. Por quê? Fiquei pensando se ele sabia de algo que não sabíamos. Além disso, o que seria pior do que esperar a maior parte das nossas vidas para passar cinco minutos com uma pessoa que diria algo assim?

Naquela noite, voltamos ao centro telefônico para dar a notícia aos meus pais.

Meu tio rabiscou furiosamente, detalhando tarefas que precisavam ser realizadas antes de podermos partir.

— Temos que comprar as passagens de avião — falei, decifrando as palavras.

— Diga ao seu tio que as compre. Vou mandar o dinheiro. — Meu pai falava mais alto do que o necessário, com sua voz entusiasmada, animada. — Você está feliz? — ele perguntou no fim de um diálogo.

Fingi não ouvir.

— Bob vai falar — respondi.

Meu irmão também voltou à vida ao telefone com meus pais. Eles três já estavam batendo papo como velhos amigos, planejando todas as coisas que iriam fazer.

— Edwidge prometeu um monte de presentes, uma coisa para cada um — fofocou.

Estiquei o braço e dei-lhe um beliscão nas costas da mão que segurava o fone. Meu tio me deu um tapinha na mão, afastando-a, enquanto me lançava um olhar zangado. Mesmo que estivéssemos esperando isso, como poderia lhe dizer que não queria deixá-lo? Que diferença faria? Para o melhor e para o pior, eu tinha que ir. Aqueles eram meus pais, meus pais verdadeiros, e queriam que eu fosse viver com eles.

Mais tarde, naquela semana, Tante Denise levou-me até uma loja cara na Grand Rue para comprar um vestido novo para mim. Escolhi um que achei bonito. Era amarelo-ouro com um corpete de cetim e uma saia de babados. O terno azul-claro de Bob foi feito pelo alfaiate do meu tio, que ele frequentava desde que deixara de ser cliente de monsieur Pradel.

No dia de nossa partida, empanturramo-nos de comida antes de sermos levados ao aeroporto. Tante Denise fez uma panela grande de fubá e arenque e misturou suco de beterraba com leite condensado para bebermos.

Quando Nick, soluçando sobre seu fubá, perguntou "Por que eu tenho de voltar à escola depois do almoço? Por que não posso ir com eles?", Tante Denise envolveu a nuca de Bob e a minha em seus braços, beijou nossas bochechas por trás das nossas cadeiras e correu para seu quarto. O pai de Liline, o irmão de Tante Denise, Linoir, que passara três anos trabalhando como cortador de cana na República Dominicana, voltara recentemente para casa a fim de morrer. Essa tristeza combinada com nossa partida era demais para ela suportar.

Porém, Liline estava aguentando bem melhor as coisas. Ela mal conhecia o pai e tinha medo dos seus olhos fundos, da pele seca e das convulsões pelos quais a cólera se manifestava. Como Tante Denise trancava a porta do seu quarto, Liline trancava a porta do seu coração. Tinha ido ver seu pai apenas uma vez e jurara que nunca mais o veria. Quando Bob e eu deixamos a casa, apesar de eu ter deixado meu precioso exemplar de *Madeleine* enfiado embaixo do seu travesseiro, onde eu sabia que ela olhava toda manhã ao arrumar a cama, ela simplesmente nos disse *Na wè*, até logo, sem levantar os olhos do prato.

No aeroporto, Bob e eu tentamos seguir nosso tio quando ele correu para uma das filas compridas que serpenteavam até os balcões. Meu tio levava nossa única e pequena mala numa das mãos e um envelope de papel pardo cheio dos nossos documentos na outra.

Esperando na fila, ele começou a suar e ficou esfregando o rosto até seu lenço azul monogramado ficar ensopado. Estava triste? Zangado? Nervoso? Consigo mesmo? Conosco?

Ao longo dos anos, em minhas viagens, falei com três comissários haitianos de meia-idade que afirmavam ser os que encontraram meu irmão e a mim no balcão da companhia de aviação, pegaram nossas mãos e nos levaram para longe do meu tio, conduzindo-nos até nossos lugares no avião.

— Vocês não choraram nem um pouco — disse-nos um deles. — Foram apenas dar um beijo na bochecha do seu tio e vieram embora.

— Vocês não criaram nenhum caso — informou um outro —, mas a frente do seu vestido estava úmida com suas lágrimas.

— Vocês se recusavam a sair do lugar. Seu tio teve de mandar vocês irem comigo, ficou bravo e gritou — falou o último, sem saber que ele não podia gritar.

Suas lembranças imprecisas apagaram qualquer certeza que eu tinha, se é que tinha, sobre aquele dia. Em etapas diferentes, meu irmão e eu provavelmente fomos todas aquelas crianças — as que não choraram, as que soluçaram em silêncio e as que se recusaram a partir.

Ao longo dos anos, encontrei outros passageiros que acreditavam ter visto meu irmão e a mim, ele com seu terno azul-claro, eu no meu vestido cor de limão siciliano, agarrando com força as mãos um do outro e jogando as cabeças para trás nas poltronas quando o avião decolou.

Só me lembro de desejar, quando voamos pelas nuvens, que meu tio tivesse chorado uma torrente de lágrimas, se atirado no chão e feito uma cena, proibindo-nos de partir. Ele teria soltado, com a sua antiga voz, a repentina revelação de que na verdade eu era sua filha e que não podia viver sem mim.

Sentada numa poltrona do meio, junto a meu irmão, que insistiu em ir na janela, o que eu na verdade queria, olhei para as nuvens brancas só uma vez quando de repente me ocorreu que, já que meu tio não podia falar ao telefone e talvez não escrevesse cartas para nós, crianças, provavelmente nunca mais nos falaríamos.

Perceber isso foi bastante desanimador e me fez querer fechar os olhos para sempre. Encorajei meu irmão a fazer o mesmo. Tentando isso, adormecemos, acordando só quando as aeromoças nos sacudiram para o jantar.

Naquele instante, estava escuro demais para ver as nuvens outra vez. Bob maravilhou-se com o fato de que não parecia que estávamos nos movendo. Embora tivéssemos comido talvez o maior almoço de nossas vidas, ainda limpamos nossos pratos de comida de avião, apreciando a novidade dos recipientes de plástico em que foram servidos o arroz com feijão ao estilo haitiano e os peitos de frango grelhados ao estilo americano. Depois de ter passado um dos quadradinhos de manteiga no pão, Bob colocou o outro no bolso, onde derreteu antes de pousarmos.

Ouvimos nossos pais antes de os vermos. Andando cada um de um lado da aeromoça que nos recebera no aeroporto de Porto Príncipe, meu irmão e eu ouvimos nossos nomes acima do barulho das pessoas que se inclinavam para a frente, mostrando fotos, acenando flores e bichos de pelúcia na sala de desembarque. As vozes dos nossos pais, a dele firme e resoluta, a dela metálica e estridente, vinham de trás de nós.

A aeromoça soltou um pouco as nossas mãos, mas não nos deixou ir, quando nos viramos para achá-los.

— Estes são seus pais? — ela perguntou quando eles se aproximaram, minha mãe cortando a multidão e meu pai seguindo mais devagar atrás dela, desculpando-se com as vítimas incomodadas pelo andar dela.

Quando ela nos alcançou, pegou-nos e apertou-nos contra seu peito. Inspirei profundamente, sentindo seu cheiro misto de creme de coco para cabelo e talco, que formava linhas brancas irregulares em volta de todo seu pescoço.

Meu pai cuidou da logística, assinando um formulário que a aeromoça tinha guardado até então dobrado no seu bolso.

— Bonne chance. Boa sorte — disse ela antes de irmos.

Meu pai inclinou-se para que o beijássemos. Sua barba, mais grossa e eriçada agora, espetou meus lábios e o nariz. Porém, imitei o que meu irmão fez e passei os braços em torno do seu pescoço quando o beijei.

— Onde estão Kelly e Karl? — perguntou meu irmão, já mostrando a solidariedade masculina fraterna que eu viria a suspeitar em todos os meus irmãos. Um amigo do prédio estava cuidando dos meninos, disse minha mãe. Iríamos vê-los ao chegar em casa.

No estacionamento do aeroporto, tremi. Ainda que fosse primavera — um conceito com o qual eu teria de me acostumar cada vez mais agora, a verdadeira presença das estações —, havia um frio cortante no ar. Depois, soube que meu pai tinha perdido o emprego naquele dia. Ele perguntara a seu chefe na fábrica de pastas em Nova Jersey se poderia sair mais cedo para nos pegar e ele disse que não. Meu pai saiu, de qualquer forma, e lhe disseram que estava despedido. Durante o percurso de carro até o aeroporto, decidiu que nunca mais seria empregado de ninguém.

Enquanto colocava nossa mala na traseira de uma velha perua cinzenta surrada, meu pai perguntou:

— Como está o tio?

— O tio parecia triste — Bob respondeu por mim. — Acho que ele estava triste por nos ver partir.

— Acho que às vezes é assim — disse meu pai num sussurro. — Um pai feliz, um pai triste.

Cigano

Nossa nova casa era um apartamento de dois quartos no sexto andar de um prédio de tijolos de seis pavimentos em um beco que saía da Flatbush Avenue, chamado Westbury Court. Ao lado do edifício havia uma estação de metrô pela qual corriam os trens D, M e Q a toda hora, dia e noite.

À primeira vista, a sala dos meus pais parecia confortável e aconchegante, com seu carpete bege de lado a lado, seus sofás e poltronas estofados de veludo, cobertos com uma proteção de plástico, e os recortes diagonais de espelho, que emolduravam uma enorme reprodução de veludo da *Última ceia*. Confundi a saída de incêndio, que ia da janela do quarto dos meus pais à da sala, com um terraço externo, e imediatamente comecei a imaginar todos nós passando tardes de verão lá fora, olhando para a vizinhança, enquanto bebíamos refrigerantes americanos e contávamos histórias uns para os outros.

— Nunca, e quero dizer *nunca mesmo*, vão aí fora! — foi a primeira coisa que meu pai disse para Bob e para mim, depois de nos mostrar a sala. — Kelly e Karl já sabem disso. É por onde virão os bombeiros se houver um incêndio e precisarem salvar nossas vidas.

Ele falava como se já estivesse salvando nossas vidas por dar essa ordem muito útil. Apertei meus dedos nas grades enfeitadas das janelas, vendo evaporar meus sonhos de passar tardes flutuando sobre o Brooklyn.

Meus irmãos, que minha mãe já havia buscado na casa de seus amigos lá no corredor, correram pela sala, ansiosos para nos verem. Estavam, claro, maiores. Kelly, magro, com 7 anos, e Karl, muito mais troncudo, com 5.

Karl correu imediatamente para mim, quase me derrubando ao abraçar minha cintura e apertando o máximo que podia. Olhando-me com um sorriso amplo e malandro, perguntou:

— Você é mesmo minha irmã?

Eu não estava acostumada com abraços. Realmente não eram parte das minhas relações com as pessoas de quem eu mais gostava, mas deixei minhas mãos irem até seus ombros e dei um tapinha nas costas dele. Olhando para baixo, imaginei se minha mãe havia contado sobre a primeira vez em que nos encontramos, ele ainda um bebê nos meus braços. Ou ele sabia instintivamente que deveríamos nos amar?

Meus pais nos olhavam, ambos com grandes sorrisos nos rostos contentes. Talvez estivessem emocionados, divertidos, satisfeitos por Karl ter essa profunda noção de consideração. Ao longo dos anos, cresci habituada a isso. Até mesmo contava com isso. Muitas vezes ele era o primeiro a oferecer uma cadeira a alguém que estivesse de pé, a começar uma conversa com alguém que parecesse tímido. Ele era a pessoa a quem chamar imediatamente quando algo terrível acontecia. Mas, então, sua tentativa de abraçar parecia mais que isso. Foram, e ainda são, as melhores boas-vindas que já tive na vida. Parecia amor.

— Claro, é sua irmã — minha mãe respondeu quando eu permaneci calada. A mão dela comprimiu-se contra as costas de Kelly, empurrando-o para a frente, na nossa direção, mas ele ficou no seu lugar, olhando para Bob. O braço do meu pai estava no ombro de Bob e ele também tentava fazê-lo mexer-se na direção de Kelly.

— Por que você não mostra a seu irmão um dos seus brinquedos? — meu pai disse a Kelly. O rosto dele iluminou-se. Ele foi em direção a Bob, para segui-lo. Bob olhou para meu pai em busca de confirmação, então andou devagar atrás de Kelly, desaparecendo no estreito corredor que levava aos quartos.

Mal tinham ido quando minha mãe os chamou de volta.

— Vini, venham, comida. — Ela fez com que todos fôssemos à cozinha, onde a tampa do fogão estava cheia de panelas e caçarolas. Num canto, do outro lado da geladeira, havia uma mesinha com quatro cadeiras. Como ela, meu pai e os meninos já haviam comido, minha mãe encheu dois pratos e os colocou na minha frente e de Bob. Karl ainda estava tentando subir no meu colo quando comi meu arroz com feijão, frango assado, verdura frita e almôndegas.

— Eu ajudei a fazer isso — disse meu pai com orgulho. — É seu *repas* de boas-vindas.

Kelly olhava para nós dois com o queixo apoiado na mesa. Bob comeu depressa e pediu mais. Quis chutá-lo por baixo da mesa.

— Vão pensar que você não comeu desde que eles foram embora — cochichei.

— Deixe o menino comer — disse meu pai, e riu. Estava inclinado contra a parede, observando minha mãe pôr mais comida no prato de Bob. Não que Bob estivesse com tanta fome, eu sabia. Ele queria agradá-los. Queria francamente que ficassem felizes, e alimentá-lo deixava-os felizes.

Enchi minha boca, mas não engoli imediatamente. Não queria que me fizessem nenhuma pergunta. Não queria responder nada.

Quando acabamos de comer, Bob correu pelo apartamento, com Kelly mostrando onde estava cada coisa. Karl de repente se juntou a eles. Meu pai foi atrás. Minha mãe me mostrou onde iríamos dormir, no segundo quarto, o que dava para os trilhos do metrô. Além da parede com uma fila de janelas enfeitadas com fitas, todas as outras paredes tinham uma cama encostada. Herdei uma cama de casal da irmã de minha mãe, Tante Grace, que morava com meus pais antes de chegarmos. Kelly e Karl dividiam um beliche de metal, com Kelly dormindo na parte de cima e Karl na de baixo. A cama de Bob era estreita, mas tinha a vantagem de estar mais perto da televisão de 12 polegadas que ficava em cima de uma cômoda de madeira.

— Você quer dormir? — perguntou minha mãe.

Fiz que sim e acrescentei *wi*. Sim.

Ela já colocara uma camisola de flanela em cima da cama para mim. Quando fui ao banheiro escovar os dentes, meus irmãos estavam lá.

— É ótimo vocês falarem crioulo — Bob dizia para eles. Já eram um trio, um time.

Minha cama cheirava a citronela e vetiver, o que me lembrava mais da hora de se arrumar para sair do que de dormir. (O aroma, soube depois, era de um amaciante de roupas.) Liline provavelmente estava dormindo no meu colchão naquela noite, pensei, para dar um tempo do cheiro de sua própria cama. Pensei se aquela cama com cheiro de vetiver e citronela poderia mesmo ser minha.

Meus pais apagaram as luzes e deixaram nós quatro no escuro. Poucos minutos depois ouvi a risada abafada que vinha do outro quarto, bem como o som ocasional de nossos nomes. Já estavam contando, um ao outro, histórias sobre nós.

— Você viu o quanto Bob consegue comer? — perguntou minha mãe.

— Você viu como Karl não largou Edwidge? — disse meu pai.

— Não sei se Kelly entendeu o que estava acontecendo.

Em algum lugar sob nós, o metrô estralejou, abafando suas vozes, e então tudo ficou em silêncio outra vez.

No escuro, Kelly, cujo crioulo era um tanto hesitante, mas claro, sussurrou:

— Vocês são adotados?

— Não — respondeu Bob.

— Disseram que vocês dois são mais velhos que eu — continuou —, mas não é verdade. Eu sou o mais velho.

As palavras de Kelly fizeram-me lembrar de uma história enigmática, até agora, que Granmè Melina costumava nos contar, sobre um bode jovem e malvado que cruzou certo dia com um cavalo velho, decrépito e sem pelos, numa trilha estreita.

Bloqueando o caminho do cavalo velho, o bode jovem disse:

— Deixe-me passar, pois sou mais velho que você.

— Você deve me deixar passar — respondeu o cavalo —, porque eu é que sou mais velho.

— Não está vendo que eu tenho uma barba e você não? — respondeu o bode atrevido, rindo. — A barba não é um sinal de velhice?

O tempo de Kelly com nossos pais era a barba dele. Na verdade, ele passara muito mais tempo com eles do que Bob e eu juntos. Pensei sobre quanto ele e Karl haviam sido preparados. Será que meus pais tinham falado sobre nós para eles? Será que pelo menos contaram a eles que chegaríamos hoje?

Mais tarde, eles disseram que era como se tivéssemos caído do céu. Não se lembravam da sua viagem ao Haiti e meus pais não tinham lhes contado nada. (Com medo, talvez, como nas cartas, de partirem os corações de todos os envolvidos.)

— Vou lhes contar um segredo — Bob sussurrou para Kelly no escuro. — Na verdade, somos espiões do espaço. Temos coisas de espiões colocadas em nossas cabeças.

Eu sempre me surpreendia com o vasto conhecimento de Bob. Onde ele tinha aprendido isso? Nos quadrinhos que só ele e Nick liam? Histórias que eles dois contaram um para o outro?

Na manhã seguinte, antes que nossos pais acordassem, Karl saiu da sua cama e se enfiou na minha. Seu pijama coberto de carros de bombeiro também cheirava a citronela e vetiver. Comecei a pensar que todo o país tinha esse cheiro.

Ele se ajoelhou e precisou apoiar as mãos na parede para se equilibrar, quando se inclinou para beijar-me na testa.

— Deve doer onde você tem a coisa de espião na sua cabeça — disse, levantando-se.

— Dói — respondi, sentindo-me a ponto de chorar.

Logo depois que se levantou, Kelly subiu no balcão da cozinha e pegou uma faca de passar manteiga, que trouxe para o quarto.

— Posso tirar essa coisa de espião de vocês, meninos — disse, sorrindo como para provar que não só era o mais velho como também o mais esperto.

— Você não pode fazer isso — Bob respondeu, fechando os olhos para massagear devagar os lados do rosto. — Ninguém pode. O que posso fazer para nos tornar realmente irmãos e irmãs é pedir aos meus amigos do espaço que ponham uma coisa em suas cabeças, quando estiverem dormindo hoje à noite. Então poderemos nos comunicar mais facilmente uns com os outros, até sem falar. Você concorda?

Kelly abaixou a faca de passar manteiga e esticou os lábios. Karl olhou para minha cabeça, como procurando alguma pista, algum sinal de desfiguração, que ele também, talvez, precisasse carregar pelo resto da vida.

— Tudo bem, então — disse Kelly.

— Tudo bem — ecoou Karl.

Desde esse dia, passamos a nos considerar irmãos e irmã.

Ainda me surpreendo com o modo como Bob, então só com 10 anos, pensou em tudo isso, mas, por mais estranho que pareça, isso realmente nos uniu, colocou-nos no caminho de nos tornarmos uma família.

Naquele dia, enquanto nossos novos irmãos de sangue e espionagem nos apresentavam aos desenhos animados de sábado de manhã, meu pai, ainda de pijama, carregava o que parecia ser uma grande pasta preta com uma pequena fechadura prateada. Depositou-a com cuidado na minha cama. E, embora seu rosto estivesse enrugado e seus olhos estivessem sonolentos, parecia ansioso para que eu a abrisse.

Pegando a fechadura, forcei-a para abrir, quase a quebrando. Meus irmãos tiraram os olhos da televisão para me ver correr os dedos sobre meu bem-vindo presente.

Era uma máquina de escrever, uma Smith-Corona Corsair portátil manual. Lágrimas surgiram em meus olhos outra vez, antes até de pensar em dizer alguma coisa. Lembro que pedi ao meu pai, em uma das minhas cartas, para me mandar uma máquina de escrever. Os funcionários do banco do meu tio tinham. Os empregados do Ministério da Educação também. Pedi uma a meu pai porque achava que meu tio também deveria ter. Não só para seu trabalho da escola e da igreja, mas para escrever de volta a meu pai.

Olhando para baixo, para as perfeitas teclas beges, enfileiradas como dentes de marfim, não pude deixar de pensar que tinha recebido a máquina de escrever tarde demais. O que eu faria com uma máquina de escrever só para mim?

Então, num instante, tive a ideia de que poderia escrever ao meu tio centenas e centenas de cartas, para impressioná-lo com meus novos talentos, meu novo conhecimento, minha nova vida.

— Isso vai ensinar você a medir suas palavras — disse meu pai, batendo nas teclas com os dedos, para enfatizar —, para alinhá-las direitinho.

Ele disse isso literalmente. Nós dois tínhamos uma escrita cursiva à mão ligeiramente desalinhada. Porém, ao contrário dele, muitas vezes eu escrevia com a caneta e uma régua, para manter a escrita numa linha bem reta. Porém, agora, parecem presentes tão previdentes, essa máquina de escrever e seu desejo, desde muito cedo, de me ver juntar adequadamente minhas palavras.

Após isso, depois de me familiarizar mais com a máquina, só catei milho em uma carta para tio Joseph. Era curta, dizendo-lhe que Bob e eu estávamos bem, que nos sentíamos muito bem com nossos pais e irmãos e que pensávamos nele, em Tante Denise, em Nick e em Liline, em Tante Zi e em Tante Tina, em Marie Micheline e em Ruth, em todo mundo. Minha carta era na verdade uma lista de nomes, uma lista das pessoas cujos rostos surgiam na minha cabeça todo dia e cujas vozes ecoavam nos meus ouvidos toda noite.

Meu tio não respondeu, talvez querendo manter certa distância entre nós, algum tempo para nos acostumarmos à nossa família, mas sem se mostrar intrometido. Ele escrevia ao meu pai, contudo, mandando um recado sempre que um amigo viajava do Haiti para Nova York. Depois de ler essas cartas, meu pai sempre nos dizia que meu tio lhe dissera para dar um oi para "Edwidge, Bob, Kelly e Karl". Ponderei sobre se Bob e eu não éramos mais especiais para ele. Não tínhamos direito a um destaque?

Há um ditado haitiano que diz: "*Pitit moun se lave yon bò, kite yon bò.*" Quando você dá banho nos filhos dos outros, precisa lavar um lado e deixar o outro sujo. Suponho que esse provérbio alerte os que cuidam dos filhos de outras pessoas para que não entreguem seus corações, pois nunca terão retribuição. Pensei se, depois de partirmos para Nova York, meu tio se sentia assim.

Poucos anos atrás, descobri, depois perdi outra vez, algumas linhas que datilografei em tinta vermelha uns dois verões após termos chegado a Nova York.

O táxi do meu pai tem esse nome por causa de andarilhos, errantes, nômades. É chamado de táxi cigano.

Ao contrário de um táxi amarelo, um cigano não tem escudos ou filiação. Pertence inteiramente ao motorista, que roda pelas ruas o dia inteiro, procurando passageiros.

Todo sábado de manhã, depois que chegamos, meu pai saía de casa muito cedo, às quatro ou cinco da manhã, para buscar passageiros.

— Tome cuidado — gritava minha mãe para ele, com a voz sonolenta.

Despertados pelo barulho dos passos deles, meus irmãos e eu também queríamos gritar "Tome cuidado", mas não o fazíamos, pois meu pai se preocuparia pensando que também estávamos inquietos com ele.

Depois que meu pai saía, minha mãe corria de volta ao seu quarto para abrir a janela da saída de incêndio, a fim de vê-lo dar a partida e sair. Meus irmãos e eu também gostaríamos de fazer isso, mas nossa janela não dava para a rua e perturbaria nossa mãe saber que também nos preocupávamos com nosso pai.

Uma vez, enquanto trabalhava bem cedo numa manhã de sábado, meu pai ultrapassou uns adolescentes que estavam numa van roubada e eles atiraram três vezes no seu carro. Ele estava com um passageiro dormindo no banco de trás e, por milagre, nem ele nem o passageiro se feriram.

Ele nunca nos falava diretamente sobre esse tipo de acontecimento. Em vez disso, contava, nos cultos de oração às segundas-feiras à noite, quando as famílias se alternavam em reuniões semanais nas casas umas das outras, o que meus irmãos e eu chamávamos de suas aventuras na rua.

— Nem minha família sabe disso — começava. — Não queria deixá-los preocupados.

Em outro sábado de manhã, três homens puseram uma arma na sua cabeça e o forçaram a dirigir até o cais da Marinha no Brooklyn, onde lhe disseram para dar todo o dinheiro que tinha no carro. Quando descobriram que ele só tinha uns poucos dólares no bolso, bateram-lhe na cara com um pé de cabra e fugiram. Seu rosto estava machucado, com manchas azuis e pretas, inchado, mas, dadas as circunstâncias, ele se saiu bem, exatamente o que disse ao grupo de orações na segunda seguinte.

— Só fiquei algumas horas no pronto-socorro, a maioria delas esperando que um médico me atendesse. Dadas as circunstâncias, me dei bem.

De vez em quando, na minha adolescência, eu ia no banco da frente enquanto meu pai caçava passageiros. Muitas vezes ele estava me levando para algum lugar, mas, apesar disso, pegava os passageiros.

Certa tarde, um velho chamou meu pai de idiota e estúpido porque ele tomou uma rua por outra. Outra vez, meu pai pegou uma mulher que, quando ele lhe pediu que repetisse o endereço, gritou com sua voz mais alta: "Nenhum motorista de táxi fala mais inglês?"

Meu pai raramente respondia. "Para quê?", argumentava. "Preciso mais do dinheiro deles do que eles precisam do meu serviço."

De vez em quando um passageiro chegava ao seu destino, abria a porta e corria para um prédio sem pagar. Outros diziam que iam buscar o dinheiro e nunca voltavam. Meu pai nunca ia atrás deles. Seus encontros com o pé de cabra e a arma ensinaram-lhe que algo muito pior do que ser passado para trás poderia estar esperando por ele.

Porém, em outra manhã de sábado, quando eu tinha 14 anos, meu pai estava me levando a uma aula extra na escola e comecei a me perguntar que tipo de trabalho eu queria ter. Seria médica, advogada ou engenheira, como a maior parte dos adultos haitianos, inclusive meus pais, esperavam que seus filhos fossem? Ou faria alguma outra coisa?

— Você já quis fazer outra coisa além de dirigir seu táxi? — perguntei ao meu pai.

— Claro — ele respondeu.

Pensei ver suas mãos tremerem e seus lábios se franzirem. Ele mordeu o inferior, forte, para parar o tremor. Provavelmente pensou que eu o estava julgando, dizendo-lhe que o que fazia não era bastante honroso, prestigioso, inteligente. Porém, já que começara, eu não pude parar.

— O que você faria se não dirigisse um táxi? — perguntei, vendo-o agarrar mais forte o volante.

Ele olhou para a frente, para a rua movimentada, como se ela fosse uma tela em que pudesse projetar a sua vida. Será que os pais dele quiseram que fosse médico, advogado ou engenheiro? Fazendeiro? Soldado? Será que ele acalentou algum outro sonho?

— Se eu pudesse ser outra coisa — disse meu pai, finalmente —, eu seria um dono de armazém ou agente funerário. Porque todos precisamos comer e todos devemos morrer.

PARTE DOIS

Para a adversidade

Um amigo ama em todos os tempos,
e um irmão nasce para a adversidade.

PROVÉRBIOS 17,17

Irmão, eu consigo falar

No verão de 1983, quando eu tinha 14 anos e Bob, 12, tio Joseph veio a Nova York para um checape médico. Sabendo que não conseguiríamos esperar para vê-lo, meu pai nos levou para recebê-lo. Minha mãe insistiu para que usássemos nossas roupas novas, estalando de passadas, um vestido de verão laranja para mim e calças sociais e uma camiseta de um branco imaculado para Bob. Tive a impressão de que meus pais queriam que meu tio nos visse da melhor forma possível, talvez até para mostrar que estavam cuidando bem de nós, que haviam limpado a notória parte de nós que ele e Tante Denise poderiam ter deixado suja. Enquanto aguardávamos de pé na sala de espera, eu apoiava meu peso ora numa perna, ora na outra, nervosamente, pensando o tempo todo se meu tio queria nos ver tanto quanto nós queríamos vê-lo.

Saindo da área de alfândega e imigração, tio Joseph parecia um pouquinho diferente do que me lembrava. Ganhara algum peso e sua barriga redonda fazia com que parecesse mais baixo. Bob e eu corremos até ele e envolvemos seu corpo com nossos braços. Eu era quase tão alta quanto ele agora, e pareceu estranho alcançar seu ombro, olhá-lo tão facilmente cara a cara. Ele deu tapinhas em nossos rostos e sorriu, então apontou para meu pai, que estava a alguns metros, e foi cumprimentá-lo.

Meu pai abraçou-o, envolvendo seus ombros, depois recuou alguns passos para apertar formalmente sua mão. Ao pegar a mala de tio Joseph, papai comentou que estava pesada.

— Vou deixar por conta de Bob — falou. — Ele já é quase um homem agora.

Meu tio concordou e juntou as mãos, confirmando que era uma boa ideia. A maleta tinha uma alça comprida e papai deu-a a Bob, que, desajeitado mas forte, puxou-a para a frente facilmente. Enquanto Bob se encarregava da mala, me vi andando entre tio Joseph e meu pai, com os braços deles me envolvendo, como se fosse a coisa mais normal do mundo.

— Como está Denise? — perguntou meu pai.

Meu tio sussurrou:

— On ti jan malad.

Fiquei espantada ao ver que eu ainda podia ler seus lábios mais facilmente do que meu pai.

— O que ele disse? — perguntou meu pai.

— Tante Denise está um pouco doente — falei.

— Ela não para — engrolou meu tio outra vez —, mas luta contra o diabetes. E agora sua pressão está alta também. Como a minha.

— Por que você não a traz para consultar um médico aqui? — perguntou meu pai.

— Li pa vle — disse meu tio.

— Ela não quer — traduzi para meu pai.

— Ela confia muito nas ervas dela — disse meu tio. — Sua medicina caseira.

Estava uma tarde úmida. Quando chegamos ao táxi de meu pai, Bob, suando, parou e esperou papai abrir o porta-malas. Fiquei de lado, junto a Bob perto do carro. Meu pai parou e encarou meu tio.

— Viu só suas crianças? — ele exclamou, como se tivesse esperado um tempão para dizer isso. — Viu como elas cresceram?

Meu pai decidiu que seria melhor eu acompanhar meu tio à sua consulta no hospital Kings County no dia seguinte. Como ninguém mais, eu agora podia traduzir duplamente meu tio, tanto do silêncio para a voz quanto do crioulo para o inglês. Sentada junto a ele na sala de espera lotada da clínica de otorrinolaringologia, com os cartazes lustrosos de pescoços e pulmões decadentes acima de nós, vi seu câncer vir à vida nos homens e mulheres ao redor. Alguns, como ele, tinham passado por laringotomias radicais e não conseguiam falar. Outros tinham feito o procedimento parcial e falavam por meio de sussurros arquejantes, apertando as pontas dos dedos em vários pontos ao longo do pescoço. Inclinando-se para a frente a fim de escutar, meu tio parecia invejar os desta categoria, sua capacidade de tornar conhecidos alguns dos seus desejos básicos, mesmo que não pudessem travar conversas longas.

Depois de examiná-lo, o médico, um jovem loiro com um rosto redondo de querubim e um cabelo em forma de cuia, pegou uma máquina do tamanho de uma salsicha e a colocou na mão do meu tio.

— Diga-lhe que isto é uma caixa de voz, uma laringe artificial, algo que pode ampliar seus sussurros, permitindo que as pessoas o ouçam e entendam.

O médico colocou a mão sobre os dedos do meu tio e o ajudou a empunhar a máquina, depois guiou-a até um lugar em cima da garganta dele e lhe disse que falasse.

— Falar? — perguntou meu tio.

A máquina chiou, soltando um barulho de estática. O médico moveu a mão do meu tio alguns centímetros, depois disse outra vez:

— Fale.

Tio Joseph abriu a boca e tentou pronunciar algumas palavras, mas não emitiu nenhum som.

O médico mexeu sua mão mais alguns centímetros, então perguntou:

— O que o senhor comeu hoje no café da manhã?

— Ze — disse ele. Ovos.

O som da palavra que saía do seu corpo num tom sem modulação, robótico, pareceu chocar meu tio, que levantou as sobrancelhas, surpreso.

— Continue falando — disse o médico. — O que gostaria de jantar?

— Não sei — respondeu tio Joseph, com a voz mecânica, um pouco mais clara agora.

Seu rosto se iluminou. Ele sorriu, revelando quase todos os seus dentes falsos.

— Onde podemos comprar isso?

A laringe artificial era vendida numa loja de equipamentos médicos perto do hospital. Depois da consulta, fomos até lá e compramos uma.

Naquela tarde, quando voltamos ao apartamento dos meus pais, minha mãe ainda não havia voltado do seu trabalho na tecelagem, mas meu pai estava lá na sala, sentado no sofá coberto de plástico azul, conferindo a correspondência, espiando de vez em quando a televisão, a que Bob, Kelly e Karl assistiam no chão. Tio Joseph desligou a televisão, fazendo os meninos protestarem silenciosamente com caretas. Foi se sentar perto do meu pai, fazendo sinal para que prestassem atenção.

— Eu estava preocupado — disse meu pai. — Pensei que tivessem mantido você no hospital.

O plástico guinchou sob o peso do meu tio quando ele ficou ainda mais perto do meu pai. Pôs a mão no bolso e tirou a caixa de voz, levando-a até a garganta. A máquina chiou com estática quando ele a ligou. Tio Joseph acertou o volume, depois apertou-a com mais força na curva entre seu queixo e o pescoço.

— Mira, eu consigo falar — disse meu tio, pronunciando devagar cada palavra mecânica.

Os meninos correram para cima do sofá, cercando meu tio. Meu pai chegou o rosto mais perto do de meu tio. Seus olhos se apertaram quando olhou para a boca dele, espantado.

— Como pode? — perguntou.

— Deve ser um milagre — disse meu tio. — O que mais pode ser?

— Ciência — sugeriu meu pai, vagamente.

— A ciência é o jeito de Deus esconder os milagres — respondeu tio Joseph.

Meu pai pegou a mão dele e o levou até um abajur no canto da sala, para poder ver melhor a máquina e sua interação com o pescoço do meu tio. Esse era o primeiro diálogo que tinham em muitos anos, e ambos pareciam querer deixar para trás as questões técnicas e chegar a um ponto de quase normalidade.

— Como é que soa no seu ouvido? — perguntou meu pai.

— Como soa no seu? — respondeu meu tio.

Papai fez uma pausa para pensar, buscando talvez a mais delicada e encorajadora descrição do que estava ouvindo.

— Soa como robô — respondeu. Um robô.

Meu pai tentava ser mais exato do que animador. Meu tio não se perturbou.

— No meu ouvido — disse meu tio — soa como duas vozes, a minha própria voz dentro da minha cabeça e aquela que você ouve. Sei que essa voz vai soar estranha para as pessoas. — Estava sorrindo agora, mostrando todos os seus dentes falsos. — Mas é melhor do que não falar nada.

Naquele verão, quando meu tio voltou ao Haiti, ele vendeu sua casa, aquela em que Bob, eu e todo o resto da família moramos com ele e Tante Denise. A casa estava começando a cair aos pedaços e, como todo mundo havia partido, parecia muito grande só para Tante Denise e ele. Então, construiu um pequeno apartamento de três quartos para sua esposa e ele no pátio atrás da escola e da igreja. Também providenciou um telefone do qual costumava nos ligar. Às vezes, eu ligava só para dar um alô, o que parecia um milagre em si.

Primeiro eu dizia:

— Você acredita que estamos falando um com o outro?

E ele respondia:

— Você acredita?

Mas, depois de alguns minutos, quando ele me falava de alguns assuntos — sua vida, Tante Denise, notícias políticas do Haiti —, sua voz parecia tão comum quanto a minha ou a de qualquer outra pessoa. Ele estava expandindo seu trabalho, disse, acrescentando à escola e à igreja, em Bel Air, uma clínica, que era dirigida por Marie Micheline.

Marie Micheline deixara seu emprego de enfermeira-chefe na outra clínica do bairro e agora o ajudava com seu trabalho. Estavam mais unidos do que nunca. Ela estava com 37 anos, mas pelas fotos que vi, não parecia mais velha do que quando tinha 22. Tivera três meninos depois de Ruth, com dois homens que, na opinião do meu tio, novamente não a haviam amado o bastante. Muitas vezes me imaginei adulta e meu pai falando sobre mim com o mesmo tom de compaixão usado por meu tio para falar de Marie Micheline. Talvez porque ele a tivesse resgatado não uma, mas duas vezes, a amasse ainda mais profundamente, mais incondicionalmente.

Depois de partir para Cuba, o pai biológico de Marie Micheline nunca mais entrou em contato com eles, levando Tante Denise a chamá-la de sua garota Moisés. Ela era o bebê *deles*, mas ao contrário de Tante Denise, que achava que Marie Micheline era mimada, tio Joseph achava que ela era incapaz de fazer o mal.

— Ela precisa perceber que não é mais uma garota brincando com os rapazes — dizia Tante Denise, mesmo depois de Marie Micheline ter quatro filhos.

— Ela atrai os maus, como aconteceu com Pressoir — dizia tio Joseph —, mas não é uma pessoa má.

Em 7 de fevereiro de 1986, no aniversário de 63 anos do meu tio, Jean-Claude "Baby Doc" Duvalier fugiu do Haiti para a França, deixando uma junta militar governando o país. A junta, que esteve no poder por dois anos, era liderada por um ambicioso oficial do Exército, o tenente-general Henri Namphy. Um novo presidente, Leslie Manigat, assumiu em 7 de fevereiro de 1988, no aniversário de 65 anos do meu tio. Como a partida de Baby Doc aconteceu em 7 de fevereiro, o aniversário do meu tio tornou-se a data oficial das posses e dos juramentos presidenciais haitianos.

Quatro meses depois de assumir, Leslie Manigat foi derrubado pelo tenente-general Namphy. Logo Namphy foi deposto por um rival militar, o general Prosper Avril. Em abril de 1989, um grupo de ex-Tonton Macoutes e legalistas da linha dura de Duvalier tentou derrubar Avril num golpe fracassado, criando hostilidades dentro do Exército.

A luta entre as facções militares contrárias chegou a Bel Air certa tarde de abril, quando um grupo expulsou o outro para a rue Tirremasse e para o portão de ferro batido da clínica da igreja. Marie Micheline estava sentada sozinha, atrás de sua mesa, olhando para algumas anotações suas sobre os cerca de vinte pacientes que veria naquele dia. Eram todos casos sem gravidade, sobretudo cortes e machucados, além de duas crianças febris. Ela não iria mandar ninguém para o hospital público.

Ela provavelmente estava apenas tentando enfiar as pastas num pequeno arquivo metálico a seu lado, quando ouviu um tiro seguido de uma rajada de balas. Olhando para cima, deve ter visto um pano de camuflagem correndo para dentro do portão de metal aberto. A essa altura, pode ter pensando nas quarenta pessoas que, segundo as notícias dos jornais, haviam morrido naquela semana, surpreendidas no fogo cruzado de batalhas assim em todo Porto Príncipe. Pode ter pensado em Ruth ou nos três filhos pequenos, Pouchon, Marc e Ronald, que deveriam voltar da escola a qualquer instante. Pode ter pensado em Tante Denise, em quem iria aplicar uma injeção de insulina dali a poucos minutos. Em tio Joseph, cuja pressão sanguínea ela também monitorava todo dia na mesma hora.

Ela se levantou da sua mesa e correu para o portão, esperando fechá-lo antes que um dos soldados entrasse por lá. Mas e se alguém precisasse de sua ajuda? E como ela se sentiria se Ruth, Pouchon, Marc ou Ronald levassem um tiro porque o portão estava fechado e não pudessem entrar?

Vizinhos viram-na de pé na porta com gotas de suor surgindo na testa. Então, uma bala silvou, balançando o portão com uma faísca.

A rua de repente ficou pouco visível, com uma nuvem de poeira descendo após a passagem de caminhonetes militares que aceleravam. Ela fora atingida? No coração? Levou a mão ao peito e caiu no chão. Nunca mais voltaria à consciência.

Como Ron Howell, um jornalista de Nova York, estava cobrindo o tiroteio militar em Bel Air naquela tarde, a morte de Marie Micheline foi o tema de uma reportagem do *Newsday* publicada em 17 de abril de 1989. Com o título "Haiti ainda lutando para brilhar", foi publicada junto a uma foto colorida do cortejo fúnebre que seguiu lentamente pelo centro de Porto Príncipe.

Marie Micheline, escreveu Howell, era sob muitos aspectos "um retrato do Haiti e seu potencial, uma centelha de luz frustrada em sua tentativa de brilhar".

Quando você fica sabendo que alguém que não vê há bastante tempo morreu, não é muito difícil fingir que isso não aconteceu, que a pessoa continua viva como antes, na sua ausência, fora do convívio. No dia do enterro de Marie Micheline, quando falei com meu tio ao telefone, ouvi a maior falha da sua nova voz. Como a distância, isso disfarçou a dor. Contudo, suas pausas eram como soluços, e a expansão ou a contração das suas palavras, vestígios mecânicos de tristeza.

Naquela noite, contei a ele uma história que acabara de lembrar. Eu tinha 8 anos e levava um bilhete da escola para casa pedindo que meu pai ou meu tutor fosse à escola, para me surrar, porque eu não tinha terminado a lição de casa. Naquela tarde, quando voltei para casa, dei o bilhete a Marie Micheline, achando que ela não seria tão dura comigo quanto meu tio ou Tante Denise. Contudo, na manhã seguinte, quando foi à escola, Marie Micheline chamou de lado *mademoiselle* Sanon, minha professora muito alta, magra e afetada, e, sob uma amendoeira, num canto do barulhento pátio de recreio, cochichou no ouvido dela por uns cinco minutos.

— O que disse a ela? — perguntei a Marie Micheline quando ela foi comigo até a classe, com um largo sorriso no rosto.

Peguei suas mãos macias e pequenas, incapaz de imaginá-las batendo-me com o duro chicote de couro de vaca, a palmatória, com a qual pais e professores muitas vezes espancavam traseiros ou mãos de suas crianças.

— Vou cuidar dela e de toda a família dela na clínica do bairro por um ano — disse ela. — Nunca terão de esperar nem pagar. Em troca, ela nunca mandará ninguém da sua turma para casa com cartas de surras durante um mês.

— Só um mês? — perguntei.

— Foi o máximo que consegui — disse ela.

— Os filhos dela — meu tio disse, no fim da minha história. — Como é que quatro crianças podem perder a mãe num momento desses?

Com medo de também perdê-los, ele tentou conseguir um visto para Ruth e os meninos, a fim de que se juntassem aos parentes da mãe biológica de Marie Micheline, que estavam morando no Canadá.

Antes de ser enterrada, um legista determinou que Marie Micheline morrera devido a um ataque cardíaco. Mas quando falei com Tante Denise, que chorava como se gritasse aos céus em protesto, ela disse que ninguém poderia convencê-la do contrário de uma verdade mais simples: que, ao ver as balas voando, a violência do seu bairro, o rápido desmoronar do seu país, Marie Micheline morrera de medo.

O Anjo da Morte e Deus Pai

Em 1990, o general Prosper Avril renunciou, dando lugar às eleições de dezembro de 1990, nas quais um jovem padre chamado Jean-Bertrand Aristide, que reunira uma quantidade maciça de seguidores graças aos seus ousados sermões contra os Duvalier, conseguiu 67 por cento dos votos. Aristide foi empossado em 7 de fevereiro de 1991, no aniversário de 68 anos do meu tio.

Lembro-me de ter falado com meu tio nessa noite. Depois de receber meus parabéns, ele mudou de assunto para Aristide, dizendo que no jovem padre ele vira centelhas do seu antigo herói, Daniel Fignolé. Os discursos inflamados de Aristide e seu partido político, o Lavalas ou Partido da Enchente, ecoavam o que Fignolé costumava chamar de seu *woulo kompresè*, ou rolo compressor, sua multidão de furiosos partidários leais, a que meu tio pertencera.

Como a maioria das pessoas, meu tio havia votado em Aristide.

— Ele é, com certeza, o melhor — disse. — Mas, na minha idade, não estou mais interessado em melhores. Estou interessado nas pessoas que me cercam e no que ele pode fazer por elas.

Mas apenas sete meses depois, em 30 de setembro de 1991, Aristide foi deposto por um golpe militar. Fugiu para a Venezuela, depois para Washington, onde ficou por três anos. Porém, como a maioria da população que o elegera ansiosamente, os moradores de Bel Air foram inflexíveis ao pedir sua volta por meio de protestos e manifestações. O Exército retaliou invadindo e incendiando casas, matando centenas dos vizinhos de meu tio.

Tio Joseph conseguiu ficar fora da confusão e evitar as manifestações e qualquer outra atividade abertamente política, inclusive falar contra os militares no púlpito de sua igreja. Porém, toda manhã ele acordava para contar os muitos cadáveres ensanguentados que jaziam nas esquinas e becos de Bel Air. Durante os anos em que podia falar, desenvolvera um hábito de registrar coisas, então listou os cadáveres nos bloquinhos que sempre levava no bolso do paletó. Escrevia os nomes das vítimas, quando as conhecia, a condição de seus corpos e a hora em que eram recolhidas, por membros das famílias ou serviços de limpeza, para serem transportadas para o necrotério ou jogadas em valas comuns.

Jonas, talvez 20 anos, sem a mão direita, 11h35
Gladys, talvez 35 anos, nua, 15h09
Samuel, 75 anos, engraxate, 17h42
Homem desconhecido, talvez 25 anos, rosto mutilado, 21h17

Nas primeiras semanas do golpe, meu pai ligou quase todos os dias, implorando para que meu tio e Tante Denise saíssem de Bel Air. Eles iam até Léogâne passar alguns dias, visitando Léone, a irmã de Tante Denise, mas sempre voltavam a tempo para os cultos dominicais.

Ansioso, meu pai ficava furioso, gritando no fim de suas conversas: "Vocês são responsáveis. Se ficarem aí e acontecer alguma coisa, vocês serão os responsáveis."

Não sei ao certo por que meu tio e Tante Denise nunca partiram. Talvez eles simplesmente não quisessem ser expulsos da sua casa.

Depois que Marie Micheline morreu, perguntei por que eles, e também Marie Micheline, não tentaram se mudar para Nova York, como meus pais.

"Não é tão fácil começar em um lugar novo", disse ele. "O exílio não é para todo mundo. Alguém tem de ficar para trás para receber as cartas e saudar os membros da família quando eles voltam."

Além disso, ele tinha mais trabalho para fazer, mais almas para salvar, mais crianças para ensinar.

No outono de 1994, Aristide voltou ao Haiti, acompanhado por 20 mil soldados americanos. Falando da brutalidade do regime militar e da ameaça de um êxodo em massa de refugiados haitianos para a vizinha Flórida, o então presidente Bill Clinton lançou a Operação Resgate da Democracia.

No dia em que Aristide voltou, Tante Denise sofreu um leve derrame. Após mais de duas décadas fora, meu primo Maxo voltou a Bel Air. Naquele outono, eu também voltei ao Haiti, pela primeira vez, aos 25 anos.

Na ida para Bel Air, olhei pelo para-brisas rachado de um carro alugado e vi mais gente nas ruas agora esburacadas do que me lembrava. Em quase todo o muro havia o cartaz de um galo, o símbolo do partido Lavalas de Aristide, ou do helicóptero militar americano no qual ele voara de volta ao palácio nacional. Também havia monumentos aos mortos por toda parte: as favelas carbonizadas de La Saline e Cité Soleil, os bustos e frisas dos assassinados, um ministro da Justiça, um financiador de campanha e um padre bem-amado, entre milhares de outros. Pilhas de tijolos e cinzas estavam onde havia casas e escritórios, lugares que foram construídos e destruídos no período em que estive longe. Porções de Porto Príncipe, percebi, foram totalmente erguidas e derrubadas na minha ausência.

Porém, em muitos outros aspectos, pouquíssimo havia mudado. Os mendigos aleijados ainda se enfileiravam nos degraus da catedral nacional e os vendedores de livros usados armavam suas bancas do outro lado. As aguadeiras ainda transportavam água em baldes na cabeça. As barracas de loteria, pintadas de muitas cores, ainda vendiam centenas de bilhetes a sonhadores esperançosos. Os que pediam vistos ainda se reuniam aos montes nos portões do consulado americano.

A rua do meu tio agora estava abarrotada de casas de concreto inacabadas, de formatos estranhos. Os becos estavam devastados e cheios de lixo. Porém, quando ele me mostrou sua lista de mortos, escrita numa caligrafia tão minúscula que ele precisou me ajudar a decifrá-la, tudo que pude ver foram Jonas, Gladys, Samuel e as centenas de homens e mulheres que morreram, seus corpos mutilados apodrecendo eternamente sob o sol escaldante.

O apartamento de tio Joseph e Tante Denise era pintado de cor-de-rosa como a velha casa, a não ser a sala de jantar, que dava para um pequeno pátio, que era azul-turquesa. Tante Denise, agora muito mais magra, mexia-se cuidadosamente e devagar. Seu cabelo, que ela tinha começado e depois parado de pintar, era de um ruivo bem forte nas pontas e grisalho nas raízes. Ela o tocou, envergonhada, quando me viu.

— Estou sem minha peruca. — Ela retraiu-se e afastou a cabeça mesmo quando cheguei mais perto.

Tante Denise estava sentada numa cama na sala, para onde levava as cobertas e às vezes também passava a noite. Suas pernas inchadas estavam apoiadas num banquinho baixo e uma sandália aberta pendia delas. Um ventilador de pedestal girava em semicírculo num canto junto à janela e soprava ocasionalmente uma rajada de ar quente no seu rosto. Vestia uma camisola branca de algodão, que costumava vestir a maior parte do tempo, pelo que me disseram. Cheirava a óleo de rícino e cânfora, exatamente como Granmè Melina. Seu glamour, seus vestidos elegantes, seu belo rosto, suas perucas, suas luvas agora pareciam bem distantes, no passado. Ela, como aquelas casas, desmoronou enquanto estive fora. Não me reconheceu de cara.

— Sou Edwidge — falei. Sentia-me agora uma estranha não só para ela, mas para Bel Air e o Haiti.

— Edwidge, a filha de Mira? — disse. Seu lábio inferior estava caído, atrapalhando ligeiramente sua fala.

Pegando minha mão com mais força do que eu esperava, ela me puxou para seu colo, como se eu ainda fosse uma criança.

— Edwidge, deixe-me contar uma história para você — falou, enfiando os cotovelos nas minhas costelas.

A história que ela contou, devagar, aos solavancos, com os braços apertando forte meu corpo, era sobre Deus e o Anjo da Morte. Era uma das histórias de Granmè Melina, uma que, segundo ela, era contada para manter a morte afastada. No fim, Granmè Melina parou de contá-la porque *queria* morrer.

— Um dia — começou Tante Denise. Um fio de saliva escorreu de um canto da sua boca, que eu enxuguei com uma toalha que envolvia o encosto da sua cadeira. — Deus Pai e o Anjo da Morte passeavam juntos num bairro como Bel Air, numa cidade muito povoada como Porto Príncipe — continuou.

"Durante o passeio, o Anjo da Morte parou na frente de muitas casas, dizendo: 'Um homem morreu aqui no mês passado. Eu o levei.' Então, ao continuarem rua abaixo, o Anjo da Morte acrescentou: 'Levei uma avó desta casa, ontem.'

"'Eu crio gente e você leva', disse Deus Pai. 'Por isso é que gostam mais de mim do que de você.'

"'Você acha?', perguntou o Anjo da Morte.

"'Com certeza', disse Deus Pai.

"'Se tem tanta certeza', disse o Anjo da Morte, 'por que não paramos aqui na rue Tirremasse, cada um pede à mesma mulher um copo de água e vemos o que acontece?'

"Assim, Deus Pai bateu na porta mais próxima e, quando a dona da casa abriu, disse: 'Senhora, posso incomodá-la e pedir água?'

"'Non', respondeu a mulher, zangada. 'Não tenho água para desperdiçar.'

"'Por favor', disse Deus Pai. 'Estou morrendo de sede.'

"'Infelizmente', disse a mulher, 'não posso desperdiçar nenhuma água. A torneira pública está seca há dias e tenho de comprar água da aguadeira. Que dobrou o preço. Então, só tenho água para mim e minha família.'

"'Tenho certeza de que daria um pouco de água se soubesse quem sou', disse Deus Pai.

"'Não ligo para quem seja', disse a mulher. 'O único a quem daria minha água agora seria o Anjo da Morte.'

"'Mas eu sou Deus', insistiu Deus Pai. 'Por que você daria água para o Anjo da Morte e não para mim?'

"'Porque', disse a mulher, 'o Anjo da Morte não tem favoritos. Ele nos leva a todos, fracos e fortes, jovens e velhos, ricos e pobres, feios e bonitos. Você, entretanto, dá paz a algumas pessoas e coloca outras em zonas de guerra como

Bel Air. Dá a alguns bastante comida para se empanturrar, enquanto outros morrem de fome. Torna alguns poderosos e outros indefesos. Faz alguns saudáveis e deixa outros adoecerem. Dá a alguns a água de que precisam enquanto outros têm muito pouca.'

"Sacudindo a cabeça com vergonha, Deus Pai afastou-se da mulher, que, quando o Anjo da Morte veio à sua porta, deu-lhe toda a água que tinha em casa.

"E por isso", concluiu Tante Denise, sem ter consciência, pelo que parecia, até do meu corpo, agora pesado e esbelto como o dela, em seu colo, "o Anjo da Morte não visitou mais essa mulher por muito tempo."

Você não é policial

Tante Denise morreu de um derrame fulminante no dia seguinte ao aniversário de 80 anos do meu tio, em fevereiro de 2003. Ela tinha 81 anos. Meu pai e eu voamos juntos até o Haiti para o enterro.

Essa foi a terceira viagem do meu pai ao Haiti nos 32 anos desde que partira pela primeira vez e a minha vigésima quinta em quase uma década. Depois da minha primeira viagem, em 1994, voltei muitas vezes, nem sempre para a capital, mas também para outras partes do país, para ajudar nas aulas de um curso de verão para estudantes universitários americanos. Também viajei com documentaristas, entrevistei artistas para catálogos de arte, compareci a seminários acadêmicos e até voltei por várias semanas para escrever um pequeno livro sobre o Carnaval na cidade sulista de Jacmel.

Durante essas viagens, quando minhas horas de trabalho e minha localização não me deixavam ir a Bel Air, meu tio vinha me encontrar, em quartos de hotel, salões de conferências, bibliotecas e salas de aula universitárias. Porém, me sentia culpada quando não conseguia ir ao apartamento de Bel Air, porque era a única maneira de ver Tante Denise, que não se aventurava mais a sair, pois seus pés não lhe davam mais firmeza.

Porém, sempre que podia, eu ficava mais alguns dias em minhas viagens para passar em Bel Air. Durante essas visitas, meu tio gostava que eu comparecesse ao culto dominical na sua igreja, onde ele me apresentava aos seus congregados, que ao longo dos anos somavam mais ou menos 75 pessoas, a maioria delas de meia-idade ou mais velhas.

Durante esses cultos de domingo pela manhã, eu ficava desajeitadamente na frente do grupo, muitos rostos que eu mal reconhecia e que, sem a apresentação do meu tio, também não me reconheciam, e eu lhes dizia como estava feliz em vê-los. Depois que eu voltava para meu assento, meu tio compartilhava um pouco da história da minha família, como meu pai e minha mãe se encontraram, como nos deixaram, a mim e a meu irmão Bob, com ele quando foram *lòt bò dlo*, para o outro lado das águas.

"Estamos aqui para um enterro", disse meu pai ao funcionário da imigração que examinava silenciosamente nossos passaportes americanos no aeroporto Toussaint Louverture. Meu pai e eu nos tornamos cidadãos americanos naturalizados exatamente dez anos depois de recebermos nossos *green cards*, e ambos nos sentimos um pouco traidores quando o funcionário rabiscou rapidamente sua assinatura em nossos formulários alfandegários destinados aos estrangeiros.

Empurrando nosso carrinho de bagagens sob o sol, meu pai pareceu encolher-se um pouco, como sempre fazia em lugares desconhecidos. No estacionamento fora do aeroporto, tio Joseph andou até nós e apertou a mão dele, sacudindo-a algumas vezes, antes de largá-la. Aos 80 anos, tio Joseph parecia bem mais jovem que meu pai. Ao contrário de papai, ele não tinha ficado careca nem grisalho e tinha um jeito musculoso e robusto como resultado do hábito de andar bastante por toda parte. Logo minha tia Zi surgiu gritando o nome do meu pai, abrindo espaço no meio de uma multidão de pessoas que davam boas-vindas. Tante Zi e tio Joseph tinham a mesma pele bem escura, a mesma testa pronunciada, em forma de cabaça. Pelo menos uns 30 centímetros mais baixa que meu pai, Tante Zi pegou-o pelos ombros, beijou-o no rosto todo, então tentou levantá-lo do chão. Quando viu que não conseguia, ela se virou para mim e, enquanto quase me derrubava, enfiou o rosto na minha nuca do jeito que costumava fazer quando eu era menina.

Pondo a mão no bolso da camisa, meu tio tirou sua caixa de voz e disse, como se só estivéssemos sabendo naquele momento: "Mira, Edwidge, vocês sabem? *Madam mwen mouri.*" Minha mulher morreu.

Durante o percurso para Bel Air, fomos parados num bloqueio na estrada por dois policias com Uzis, que censuraram o chofer de táxi pela sua carteira de motorista vencida, mas o liberaram por uma propina de 20 dólares haitianos, que, disse-nos o motorista, quase autoritariamente, seriam acrescentados à tarifa. Meu tio e Tante Zi disseram que não pagariam o suborno, mas antes de o chofer nos mandar descer, meu pai concordou. O percurso já estava nos custando tão pouco, ele disse. O policial provavelmente não teria parado o motorista se não tivesse percebido que ele transportava pessoas de fora.

Eu raramente passei por esse tipo de situação fora de Bel Air, fora de Porto Príncipe, disse ao meu pai.

Em nenhum outro lugar é mais provável acontecer esse tipo de coisa do que em Bel Air, acompanhou Tante Zi.

— Minha mulher acabou de morrer — disse tio Joseph ao motorista, quando ele nos deixou em frente à sua igreja. Meu tio queria a consideração voluntária do policial, a simpatia do chofer. Queria acreditar que sua perda poderia mudar a maneira como os outros agiam em relação a ele.

— Meus pêsames — respondeu o motorista, ao aceitar o dobro da corrida mais o dinheiro da propina.

Meu pai raramente estava do outro lado desse tipo de transação. Ele geralmente era o motorista, não o passageiro. Ocorreu-me que talvez ele tivesse de agradar aquele homem por alguns dos males que ele mesmo sofrera na direção do seu táxi.

Meu pai estava com meu tio em seu quarto, dormindo numa cama perto do amplo leito de estrado que fora compartilhado durante tanto tempo por meu tio e Tante Denise. Eu dormiria num quarto junto à cozinha, próximo ao deles.

Pouco depois que chegamos, meu pai acompanhou meu tio até o cemitério para que o mausoléu da família fosse limpo, para o florista encomendar as coroas, para o copiador imprimir os programas do funeral. E, claro, eu segui os dois por toda parte. Meu pai estava começando a mostrar sinais de pouco fôlego, o que interpretamos como uma reação alérgica à poeira de Porto Príncipe, arquejando de vez em quando ao ziguezaguearmos pelas ruas sufocantes e lotadas. Mas à medida que cada missão levava meu tio para mais perto do adeus final à mulher, era ele que muitas vezes parava para descansar. Ao achar um poste numa esquina, ele o abraçava e chorava.

Tante Denise morreu na semana anterior ao Carnaval nacional do Haiti. Na véspera das festas carnavalescas, seu bairro e sua cidade ficavam barulhentos e tumultuados com músicas típicas estrepitando de quase todas as casas menos da dela. Ainda estávamos a dois dias do seu enterro quando, querendo um pouco de paz e silêncio, meu pai decidiu acompanhar o filho de Tante Zi, meu primo Richard, diretor da cooperativa funerária encarregada do enterro de Tante Denise, a outro funeral, em Grand-Goâve, uma cidadezinha ao sul de Porto Príncipe. Ofereci-me para ir com eles.

Não percebi como seria complicado o funeral em Grand-Goâve até irmos buscar o caixão. Depois de estacionar o carro numa rua pedregosa e íngreme e descer por um beco úmido e escorregadio, depois subir por uma escada oscilante até uma oficina em um segundo andar, descobrimos o fabricante de caixões dando os últimos retoques em um caixão de cedro, aplicando um pedaço de tecido branco ao forro e acrescentando uma esponja coberta de veludo para servir de travesseiro. Assim que o trabalho ficou pronto, Richard desceu para o térreo e o fabricante e seu aprendiz desceram o caixão de cedro até ele, equilibrado cuidadosamente nas cordas.

Nossa próxima parada foi um velório particular na rue de l'Enterrement — rua do Enterro —, que era usada pela cooperativa de Richard. Era o mesmo necrotério onde estava o corpo de Tante Denise. Alguns dias depois eu a veria lá, exatamente como via aquele estranho nu e de cabelos brancos sendo vestido e polvilhado antes de ser colocado em seu caixão novo em folha.

Ao entrarmos no tráfego intenso com o caixão — e seu ocupante — amarrado com cordas no teto do carro, meu pai, ainda chocado, sussurrou para meu primo: "Sem carro fúnebre?"

Ele não conseguira um a tempo, explicou meu primo, ainda mais para uma viagem longa. Mas nos garantiu que Tante Denise teria um para sua jornada até o cemitério.

Pude imaginar o que meu pai estava pensando. Era um dia quente. O sol não iria deteriorar o cadáver? Eu, por minha vez, estava preocupada com o perigo de o caixão deslizar por entre as cordas e o corpo cair no chão, com meu primo tendo de pegá-lo e colocá-lo de volta, deixando de tirar toda a poeira do velho, na sua pressa, e aumentando a angústia da família com essa visão. Mas o velho ficou ali, no percurso de noventa minutos, e chegamos a Grand-Goâve sem incidentes.

Depois de deixarmos o cadáver na igreja, Richard levou-nos para a casa de uma colega para almoçarmos. Enquanto discutiam assuntos da cooperativa embaixo de um abacateiro gigante no quintal cercado de cactos atrás da casa dela, percebi que Richard não só era um agente funerário, mas também um político iniciante, cujo trabalho era indiretamente ligado ao presidente Aristide.

Depois de deixar o cargo, em 1996, o ex-padre ganhara um segundo mandato em 2000, numa eleição cujos resultados foram contestados por uma coalizão de partidos de oposição. Três anos depois, em 2003, com fundos internacionais ainda congelados por causa do resultado das eleições, havia manifestações maciças exigindo sua renúncia. Seus partidários, um grande número deles de Bel Air, também se reuniam em grandes números, o que às vezes resultava em conflitos mortais entre os dois grupos. Membro ativo de vários grupos antiaristide, Richard, como muitos políticos futuros, esperava angariar boa vontade através de boas ações. Isso colocou-o em conflito direto com algumas das gangues pró-Aristide em Bel Air, muitas das quais, conforme notou sua colega, queriam vê-lo morto.

Porém, havia sinais de que as coisas podiam virar a seu favor, explicou Richard. Poucas semanas antes, ele estava voltando tarde da noite para casa quando alguém fez parar o seu carro, mandou-o abrir o vidro e encostou uma arma em sua têmpora. Ele ouviu o clique lento do gatilho e rapidamente se identificou. Quando ouviu o nome de Richard, seu eventual assassino desculpou-se, dizendo: "Chefe, desculpe, não percebi que era o senhor. O senhor enterrou minha mãe há alguns meses."

Durante toda a cerimônia fúnebre para o velho em Grand-Goâve, com membros da família chorando e soluçando ao seu redor, Richard, que contara a história do seu quase assassinato com uma voz tranquila, até mesmo divertida, sentou-se com meu pai e comigo na última fileira e, com a cabeça encostada na parede, dormiu. Depois, nos levou de volta a Bel Air em uma velocidade de tirar o fôlego, para que pudesse chegar à sua casa antes de as gangues terem oportunidade de emboscá-lo no escuro.

Não houve velório para Tante Denise. Receando que alguma das gangues vizinhas aproveitasse a oportunidade para invadir a casa, tio Joseph mandou todos os visitantes irem embora às oito horas e fechou as portas.

Depois que todo mundo saiu, meu pai e eu ficamos com Léone e com os irmãos de Tante Denise, George e Bosi. Fizeram circular algumas fotos de Tante Denise elegante em muitos dos vestidos que ela costurara ao longo dos anos. Meu pai, Léone, Bosi e George olharam para essas fotos e lembraram até tarde da noite o amor que Tante Denise tinha pelas roupas e pela mania de costurá-las, às vezes malfeitas, quando estava com pressa.

À medida que eu cabeceava de sono, a risada deles me sobressaltou várias vezes.

"Denise, aquela velha malandra", disse Léone, rindo. "Como era teimosa."

Na manhã do enterro de Tante Denise, tirei algumas fotos de meu pai e tio Joseph se vestindo no quarto que meu tio e Tante Denise dividiam. Ao tirar um terno azul-marinho do armário de mogno que compartilhavam, tio Joseph fez um gesto para meu pai.

"É a primeira vez que vou vestir esse terno", disse a meu pai.

Papai pegou o terno e, como o alfaiate que fora outrora, examinou com habilidade o pano entre seus dedos. Parecia seda, mas era na verdade um misto de algodão e lycra, que meu tio escolhera porque permitia que o paletó se alargasse sem perder sua forma.

— Da próxima vez que for vesti-lo — meu tio continuou —, será em meu próprio enterro.

Quando olho agora para essas fotos, a não ser pelos rostos solenes do meu pai e do meu tio, quase posso imaginar que papai estava simplesmente ajudando seu irmão com o nó da gravata. Talvez isso fosse algo que faziam quando eram mais jovens, ajudarem um ao outro a se vestir em ocasiões alegres e tristes. Mas será que faziam? Ambos trabalhavam tanto quando moravam no mesmo país que tiveram pouco tempo para a amizade e o lazer. Depois, passaram tantos anos separados que compartilharam pouquíssimos momentos que muitos outros irmãos têm garantidos.

Meu tio destinou-me a tarefa de levar para o necrotério o elegante conjunto de duas peças branco, bordado com pérolas, que Tante Denise escolhera havia algumas semanas para ser enterrada.

Quando cheguei lá, hesitei antes de entrar no quartinho de vestir. Mas eu não tinha visto, há apenas dois dias, os agentes funerários vestirem um terno em um total estranho na mesma mesa de metal em que Tante Denise estaria deitada agora?

Deitada, nua, em uma linha reta perfeita, com o corpo rígido, os olhos fechados, Tante Denise parecia, na verdade, estar dormindo. Mas quando meus olhos percorreram as dobras do seu pescoço até as dobras mais largas de sua barriga e mais abaixo, seus pelos púbicos, ainda pretos e grossos, a ilusão sumiu. O homem que a vestia, um rapaz vesgo que mal parecia ter saído da adolescência, pôs as mãos entre suas coxas e bruscamente afastou suas pernas. Então, levantou seus braços, deixando-os cair com um baque após ter colocado luvas neles. A cabeça caiu quando ele passou a camisola por ela e eu a amparei, rapidamente pondo a mão entre sua peruca tipo pajem e a mesa de metal.

"Deixe-me fazer isso, por favor, senhorita", disse o rapaz com uma voz tão profunda que soava como se estivesse vindo da boca de outra pessoa. Ajeitando a peruca, que caíra para um lado da cabeça de Tante Denise, ele usou uma esponja fina para aplicar uma grossa camada de base marrom escura no seu rosto; depois, pincelou duas linhas de ruge nas suas bochechas. Quando passou uma cor marrom nos lábios, ela finalmente começou a se parecer como era. Na morte, ela havia recuperado um toque da elegância e do glamour de sua juventude, antes do diabetes, antes da pressão alta, antes dos derrames, das partidas e das perdas intoleráveis que, segundo meu tio, a perturbaram muito mais que seus males físicos.

O enterro de Tante Denise foi um sucesso. Era uma tarde quente, mas mesmo assim a igreja estava lotada, cheia além da sua capacidade de abrigar confortavelmente duzentas pessoas sentadas. Como ela era a esposa do pastor e, por muitos anos antes de adoecer, tivesse oferecido as refeições gratuitas do programa de almoço da escola, muitas pessoas vieram prestar suas homenagens. Aqueles que não puderam entrar na igreja — vizinhos, antigos e atuais alunos da escola — enfileiraram-se em ambos os lados da rue Tirremasse.

Durante a cerimônia, meu tio levantou-se do seu assento costumeiro no altar e cambaleou até o microfone do púlpito.

"Ela era minha amiga, minha esposa, a mulher que ficou ao meu lado quando eu podia falar e quando eu me calei", ele disse.

Lembrei-me de quanto ele quis falar no enterro de Granmè Melina. Pensei que pelo menos agora ele podia. Mas ele foi incapaz de dizer qualquer outra coisa e voltou ao seu assento com o rosto entre as mãos.

Depois da cerimônia, os que estavam em prantos enfiaram-se em carros e ônibus e seguiram o carro fúnebre pelas ruas cheias de vento que levavam além da velha catedral, até o cemitério. Eu estava no automóvel imediatamente atrás do carro fúnebre e observei como algumas pessoas paravam e olhavam, balançando as cabeças e fazendo sinal de pêsames para meu tio e meu pai, que estavam sentados na frente com o motorista. Perto dos enormes portões de ferro batido do cemitério, saímos dos carros e, como na alfândega, nos colocamos uns atrás dos outros, em várias filas, para caminhar o último quilômetro até o túmulo.

Eu andava ao lado do meu pai e do meu tio quando três tiros foram disparados em rápida sucessão. As pessoas se espalharam numa correria nervosa, deixando-nos no meio da rua subitamente vazia. O fluxo de pessoas desaparecendo além das esquinas e nos becos próximos parecia confuso e incerto. Meu coração batia rápido, uma poça de suor formava-se no meu rosto. Foi assim que Marie Micheline se sentiu antes de morrer?

Os dedos de meu pai se enterravam no meu antebraço.

— Edwidge! — gritou, assustado.

— Papai — falei, tentando à força focalizar seu rosto preocupado.

— Você parece ter desmaiado — disse ele.

Meu tio se afastou na direção de um grupo de funcionários da igreja que tentavam reunir outra vez os que estavam no cortejo. O problema se foi, gritavam os funcionários. A tempestade havia passado. Podíamos continuar.

De repente, começaram a aparecer pessoas vindas de trás de carros estacionados, galerias de lojas, becos, pórticos. Nosso cortejo movia-se devagar outra vez, a partir do lugar em que só meu tio, meu pai, o carro fúnebre e eu ficamos.

Depois ficaríamos sabendo que o tiroteio fora o resultado de um ataque contra um guarda do cemitério por membros de uma gangue do bairro. O guarda tinha feito três disparos para o ar a fim de espantá-los. Mas, ao nos dirigirmos finalmente para o túmulo, nunca esquecerei que ouvi Léone gritar: "Denise, *sè mwen*, irmã, o que é isso, uma salva de 21 tiros? Você não é militar, Denise. Você não é policial. Por que estão atirando no seu enterro?"

Irmão, deixo você com o coração pesado

No fim de agosto de 2004, tio Joseph foi a Nova York para uma visita de verão. Aos 81 anos, e sem Tante Denise para lhe fazer companhia, ele queria um descanso do crescente número de protestos em Bel Air. A viagem de tio Joseph também coincidiu com a primeira hospitalização de meu pai depois do seu diagnóstico.

Eu estava quase no fim do meu primeiro trimestre de gravidez e, embora não tivesse enjoos matinais, sentia-me cansada e, em algumas manhãs quentes de Miami, via-me chorando incontrolavelmente quando acordava sozinha na cama depois que meu marido saía para trabalhar. Separada dos outros de repente, parecia uma forma muito mais drástica de isolamento, uma sentença de banimento por não estar perto do meu pai agonizante. Então, quando Bob me ligou para dizer que papai estava no hospital, pulei da cama e peguei o primeiro avião para Nova York.

Karl foi me buscar. (E até isso pareceu estranho, pois era meu pai que sempre me buscava nos aeroportos.) Minha mãe e tio Joseph estavam no banco de trás do carro de Karl. Pude ver que tio Joseph perdera alguns quilos desde o enterro de Tante Denise — sobretudo por comer menos, disse ele, agora que sua mulher se fora —, embora parecesse vigoroso e em forma. Como o de minha mãe, seu rosto também traía uma insinuação de medo, que reconheci imediatamente ser relacionada com meu pai.

— Então, como vai o paciente? — perguntei, tentando suavizar a gravidade óbvia do momento.

— Você vai ver por si mesma — disse Karl, com seu rosto insondável de perfil. — Estamos levando você até ele.

Pensei se poderia ter acontecido tão rápido. Apenas poucas semanas após o diagnóstico do meu pai, eu estava sendo conduzida à sua cabeceira para dizer adeus?

— O que o médico diz? — perguntei.

— Não muito — respondeu Karl. — Ele está tomando injeções intravenosas. Também está recebendo um tratamento respiratório, mas não vão mantê-lo muito tempo assim. O médico já nos disse isso.

Espantou-me como era possível desistir tão depressa de alguém tão doente como meu pai. Antes da sua doença, eu achava que, quanto mais doente a pessoa estivesse, maior o esforço dos médicos para salvá-la. Mas parecia que não era bem assim.

Quando chegamos ao hospital, vi meu tio correr pelo comprido corredor na direção do quarto de meu pai. Embora ele tivesse pressão alta e uma próstata inflamada, os únicos sinais óbvios de seus 81 anos eram seus óculos e a maneira como seu corpo pendia levemente de um lado. Ele vestia seu terno escuro habitual, com gravata, e carregava uma enorme Bíblia, que mantinha enfiada embaixo do braço.

Antes de entrarmos no quarto de meu pai, minha mãe, em cujas mãos pesava uma sacola cheia de potes de plástico lotados de comida, esperava que nos reuníssemos. Com os olhos cheios de lágrimas, ela disse: "Se parecerem tristes, farão com que ele fique mais triste. Então, por favor, pareçam esperançosos." E então, como se um pó mágico tivesse sido espalhado em seus olhos tristes e vermelhos, seu rosto iluminou-se com um sorriso otimista.

A cama de meu pai ficava perto da janela, dando-lhe uma visão clara do estacionamento embaixo. Mas seus olhos continuavam fixos em um aparelho de televisão pendurado na parede oposta.

Ele não estava me esperando. Abaixando sua máscara de oxigênio, ele me envolveu com seus braços quando me inclinei para cumprimentá-lo.

Seu corpo estava ainda menor do que da última vez que o havia visto, mas seu rosto parecia redondo e cheio por causa da prednisona. Ele também parecia relaxado, tranquilo, como se estivesse aproveitando o breve alívio que o hospital lhe dava para o fato de ter de enfrentar a doença sozinho. Ali, pelo menos, ele podia recorrer aos médicos e às enfermeiras para ser tratado por algum tempo.

— Como vai Fedo? — perguntou.

— Bem — eu disse.

— E a vida de casada?

Passou o dedo na minha blusa, verificando quanto o bebê crescera. Ainda não estava evidente. Parecia apenas que eu tinha ganhado alguns quilos.

Virando-se para meu tio, meu pai piscou. Eu ainda não havia tido oportunidade de contar a meu tio que estava grávida. Seu telefone em Bel Air não estava funcionando. Provavelmente deveria ter-lhe contado antes, escrito uma carta, mas, assim como com meus pais, eu não achara o tom ou o instante exato.

— Sua filha — disse meu pai, provocando meu tio. — E ela sequer lhe contou que você vai ser avô.

As mãos de meu tio bateram palmas alegremente.

— Denise ficaria muito contente — ele disse.

Meu pai teve alta do hospital no dia seguinte. Depois de consultar o dr. Padman, um residente receitou oxigênio em tempo integral. Assim que os tanques foram entregues, meu pai parou de trabalhar. Sua rotina diária centrava-se agora em torno de poucas atividades. Ele acordava de manhã e ia até o banheiro para tomar uma ducha e escovar os dentes. Então, voltava para a cama, onde minha mãe lhe levava um café da manhã com chá, sopa ou às vezes ovos — mexidos ou cozidos —, além de pão ou fubá e arenque. Com seu café da manhã, ele tomava sua primeira série de remédios, tanto de ervas quanto os alopáticos. Então, ele rezava alto como se travando uma conversa unilateral e turbulenta com Deus.

Suas orações eram na maioria das vezes sobre a doença — "Deus, se achar conveniente me curar, por favor, faça isso. Senão, que seja feita a sua vontade" —, mas ele também rezava por mim e meus irmãos, por nossa segurança e nosso bem-estar. Rezava pela paciência e força da minha mãe, que cuidava dele. Pedia a Deus que a abençoasse por cuidar dele. Rezava por um resultado favorável das eleições presidenciais americanas, pela paz no Haiti e no mundo em geral.

Na semana depois que meu pai saiu do hospital, meu tio acordava cedo para rezar com ele. Dormindo no quarto ao lado do de meu pai, às vezes eu era acordada por suas vozes combinadas, a de meu pai baixa, ofegante, a do meu tio alta, mecânica, mas ambas geralmente urgentes nas suas súplicas.

Às vezes, meu pai ficava quieto, enquanto meu tio implorava sozinho. "Deus, não abandone seu servo agora. Ele está com 69 anos. Tem tanto, ainda, para experimentar. Ele gostaria de viver para desfrutar de todas as promessas que criou para aqueles que o servem. Ele gostaria de ver sua descendência florescer, para ver as gerações florescerem à sua frente. Ele glorificará seu nome se quiser lhe oferecer sua graça e aumentar seus dias. Se lhe permitir que volte de onde está agora, à beira do vale da morte, ele terá um testemunho comparável ao de muitos dos seus profetas."

Depois das orações matinais, meu tio se sentava numa cadeira dobrável na cabeceira do meu pai. Para preencher o silêncio, meu pai tentava começar uma conversa, lembrando-se de uma pessoa que ambos conheceram ou de algum fato que compartilharam.

Certa manhã, meu pai perguntou:

— O que aconteceu com o sírio para quem você trabalhava?

Coçando seu bico de viúva, meu tio respondeu:

— Agora ele é um dos homens mais ricos do Haiti.

— E o italiano para quem eu trabalhava?

— De alguma forma, ele parou de vender sapatos para fabricá-los.

Então, olhando para mim, meu pai perguntou ao meu tio:

— Você se lembra de quando escreveu aquela carta dizendo que um menino tinha batido em Edwidge na escola?

Sem me lembrar nem de ter apanhado, nem do menino, perguntei:

— Quando foi isso?

— Você devia ter uns 6 anos — respondeu meu tio. — Na escola primária.

— Eu fiquei tão furioso... — continuou meu pai, virando-se na cama. — Eu queria pegar um avião na hora, esquecer tudo e voltar para casa, para os meus filhos.

— Foi quando eu parei de relatar todos os pormenores — disse meu tio.

"Mais, por favor", eu queria dizer. "Por favor, contem-me mais. Os dois, juntos, contem-me mais. Sobre vocês. Sobre mim. Sobre todos nós." Mas meu pai começou a tossir, então meu tio se inclinou e cochichou:

— Chega, Mira. Descanse.

Todo dia, na hora do almoço, meu pai saía da cama e dava uma volta no andar de baixo, onde tinha uma escrivaninha num canto da sala de jantar. Ali se sentava, dava uma olhada na correspondência e, sempre que podia, retornava os telefonemas. Meu tio aproveitava esse tempo para dormir ou andar pelo bairro. Meu pai também fazia um esforço para ir à sala sempre que seus amigos apareciam. Depois, as andanças pelo andar de baixo, até mesmo as idas ao banheiro, ficaram difíceis demais e ele não tinha escolha a não ser receber os visitantes na cama.

Às cinco da tarde, todo dia, meu pai voltava lentamente para cima. Às vezes, ficava um pouco mais para jantar mais cedo, mas na maioria das vezes minha mãe levava o prato ao seu quarto, por volta das sete. Geralmente era algo leve, verduras no vapor ou um simples bife. Porém, às vezes, ele tinha vontade de frango frito e tanchagens comprados fora, e Bob ou Karl ia até um restaurante próximo comprá-los antes de voltarem para casa a fim de ajudar a lhe dar banho. Depois do banho e do jantar, ele tomava sua última rodada de remédios do dia e se arrumava para uma noite vendo televisão.

Durante anos, meu pai juntou uma grande coleção de filmes feitos no Haiti e fitas de luta profissional. Ele via e revia seus favoritos até saber todos os diálogos de cor. Sempre que eu os via com ele, quer fosse um filme haitiano ou uma luta, ele me resumia o roteiro, esquecendo-se de que fizera isso muitas vezes antes.

Fazia o mesmo com meu tio sempre que este se sentava com ele à noite. Tio Joseph, que nunca assistia a nada na televisão, a não ser poucos minutos do noticiário da noite, fingia sem sucesso estar interessado, mas acabava fazendo caretas de desaprovação enquanto meu pai se perdia nos espetáculos.

No começo de setembro, meu tio começou a fazer as malas. As aulas estavam começando no Haiti e ele tinha de voltar aos seus alunos e à igreja.

Certa noite, depois de o meu pai dormir, meu tio começou a falar comigo a sós no quarto de hóspedes que ocupava. Usava uma camiseta sem mangas, e quando ele levantou a caixa de voz no pescoço, pude ver o buraco da traqueostomia pulsar a cada respiração.

— Tive uma ideia sobre seu pai — disse. — Conheço um médico no Haiti. É o chefe do sanatório nacional. Acho que ele pode ajudar.

Lembrando-me do sanatório nacional no alto de uma montanha como um lugar onde as pessoas, como a prima de Liline, Melina, eram muitas vezes exiladas antes de morrer, respondi defensivamente:

— Papai não tem tuberculose.

— Eu sei — ele respondeu. — Mas esse médico teve de enfrentar toda espécie de doenças do pulmão. Ele pode ajudar. Já discuti isso com seu pai. Ele não pode ir agora. Com o oxigênio, é muito complicado. Eu estava pensando se, talvez, você pudesse pagar uma passagem de avião e um hotel para o médico vir examiná-lo.

Meu pai não queria nada disso.

— Não posso trazer o médico para cá — disse-me meu pai no dia seguinte. Embora ele parecesse comovido pela sugestão do meu tio, também compreendia a futilidade disso. — Seria um desperdício de tempo e dinheiro.

Na manhã da partida do meu tio, ele parou várias vezes no corredor estreito enquanto ia do quarto de hóspedes até a cama do meu pai. Apertando o rosto contra os painéis de madeira, ele chorava. Antes de entrar no quarto do meu pai, ele tirou um lenço do bolso da camisa e enxugou os olhos.

Naquela manhã, tio Joseph rezou por mais tempo do que nunca na cabeceira do meu pai. Este fechou os olhos e ficou ouvindo, em silêncio, só ocasionalmente entoando: "Sim. Obrigado."

"Senhor", disse meu tio. "O Senhor já sabe nossa vontade mais profunda. Sabe quanto nos agradaria ver seu servo levantar-se da cama, viver e trabalhar de novo entre os que estão bem. Sabe como até os anjos ouviriam nossos gritos de júbilo se sua dor desaparecesse. Sabe quanta sabedoria ele ganharia, quanto conhecimento ele teria para compartilhar com os outros que acham que nunca vão morrer."

Meu tio abaixou a mão que não estava segurando a caixa de voz e encostou-a na testa de meu pai. Recitou então o pai-nosso, estimulando-me a acompanhar com um aceno da cabeça.

— Então você está indo? — meu pai disse, quando acabamos.

Talvez eu tivesse convencido meu tio a ficar. Talvez isso tivesse ajudado, feito algum bem a meu pai, ajudado os dois.

— Preciso ir — disse meu tio.

— Tudo bem — meu pai respondeu. — Mas não assuste os outros no Haiti. Não lhes conte sobre o hospital e o oxigênio. Não faça parecer como se eu estivesse em meu leito de morte.

— Não — prometeu meu tio. Então, dando uma palmadinha no rosto redondo de prednisona do meu pai, ele disse: — Continuarei a rezar por você.

Surgiu um silêncio entre eles, longo o bastante para me fazer pensar que, se ficasse um minuto a mais, tio Joseph poderia perder o voo. O silêncio foi rompido pelo mais jovem dos meus tios, Franck, que morava perto do meu pai, no Brooklyn, tocando a buzina do seu carro, lá embaixo.

— Irmão, estou indo, mas deixo você com o coração pesado — disse tio Joseph ao meu pai. — Deixo, sim.

Levantando-se para apertar a mão do meu tio, meu pai disse:

— Eu sei como você está se sentindo.

— Não sei se ou quando nos encontraremos outra vez — meu tio falou.

— Deus sabe — meu pai respondeu.

Então meu tio deu um tapa na testa, do jeito como fazia quando se lembrava de algo que sumira da sua cabeça.

— Virei a Miami em outubro para visitar algumas igrejas — disse. — Virei aqui e então o verei.

Meu tio dirigia-se para a testa do meu pai, mas não chegou lá; sua boca aterrissou na ponta do seu nariz. Mas isso acabou como um beijo carinhoso, como o de um adulto em uma criança doente, em parte com amor, mas sobretudo com medo.

— Por que você não acompanha seu tio até lá fora? — disse meu pai a mim, para evitar, tenho certeza agora, que eu pudesse vê-lo chorar.

Segui tio Joseph pelos degraus e até a porta do carro do meu tio Franck. Naquela manhã, a curvatura do seu corpo parecia um pouco mais pronunciada.

— Você sabe que não podemos ficar todos juntos o tempo todo — ele disse.

Sabendo como meu pai iria não só sentir saudade, mas se preocupar com ele, fiquei ali na rua dos meus pais com suas fileiras de árvores e esperei até que o carro virasse a esquina e ficasse completamente fora da vista.

Em meados de outubro, meu marido e eu soubemos o sexo de nosso bebê por nossa parteira, Colleen, no Centro de Maternidade de Miami, onde escolhemos dar à luz. Baseada na rapidez com que minha barriga havia crescido em algumas semanas, eu tinha certeza de que carregava gêmeos, enquanto meu marido estava convencido de que era um menino. Então, durante a ultrassonografia, em vez de nos maravilharmos com o feijãozinho que era nossa filha, meu marido procurava um pênis, e eu, um irmão.

O sexo dela não foi o que mais discutimos naquela tarde. Colleen afirmou que eu tinha uma placenta muito baixa, o que geralmente se autocorrigia, mas poderia complicar o parto se continuasse daquele jeito. Estatisticamente, três em quatro desses casos resolviam-se sozinhos, disse ela, e a placenta subia à medida que a gravidez progredia; contudo, era algo em que precisávamos ficar de olho.

— Se é para você ter um problema, que seja esse — acrescentou Colleen, com uma voz gentil e confortadora. — Não é grave.

Porém, eu me preocupava, imaginando que a minha era aquela entre quatro placentas que nunca saíram do lugar. Liguei para meus pais para contar-lhes.

— Não se preocupe — disse minha mãe. — O corpo sabe o que está fazendo.

Até pareceu que não era mais o caso em relação a meu pai.

— Você é como nós — disse meu pai, ignorando agora completamente o assunto da placenta. — Sua mãe e eu tivemos nossa menina primeiro. Você terá de nos seguir adiante com três meninos.

— De jeito nenhum — falei. — Acho que só vou ter essa.

— Deus não nos fez com um olho só — ele argumentou. — Você não vai querer ter apenas um filho.

Meu pai estava tendo um bom dia. Na noite anterior, havia dormido mais de seis horas e, pela manhã, teve menos ataques de tosse do que de costume. Eu sempre sabia quando ele tinha um bom dia, porque sua conversa lentamente passava de sua saúde e minha gravidez para assuntos mais gerais, sobretudo notícias sobre o Haiti que ele ouvira no rádio ou a que assistira na televisão.

Naquela noite, falamos sobre a tempestade tropical Jeanne, que atingira Gonaïves, a quarta maior cidade do Haiti, na semana em que tio Joseph partira de Nova York. Jeanne deixara mais de 250 mil pessoas desabrigadas e 5 mil mortos.

Durante sua doença, sempre que meu pai falava de mortes relacionadas às notícias, como as de Jeanne, eu tentava fazê-lo mudar de assunto. Sabendo que ele estava muitas vezes, se não sempre, pensando na sua própria morte, eu receava que outras mortes pudessem deprimi-lo mais.

Ainda pensando na tempestade tropical Jeanne, meu pai disse:

— Gonaïves ainda está embaixo d'água. Vi as fotos. Em um dos hospitais, pacientes se afogaram nas suas macas. Crianças foram varridas. — Seu chiado fazia-o soar como uma testemunha aflita. Ele observou as imagens tantas vezes que sonhava que estava lá.

Será que esses sonhos deixavam-no grato por estar morrendo daquela forma, em casa? Ou talvez ele invejasse nos outros o afogamento geral, o desaparecimento comum. Mas a morte, não importando como ou quando ocorre, não é sempre solitária?

— Tentei ligar para seu tio no Haiti esta semana — disse —, mas o telefone dele não estava funcionando.

Eu também havia tentado falar com meu tio, sem sucesso. Porém, não era incomum seu telefone estar fora de serviço por semanas, até meses.

A última vez que meu pai falara com tio Joseph, sete dias antes, este tinha ligado para dar o número de telefone do médico-chefe do sanatório em Porto Príncipe.

"Não fará mal falar com ele", meu pai lembrava de ele ter dito.

— Estou preocupado — ele acrescentou agora. — Ele me ligou quase todo dia desde que partiu, para saber como estou. De repente, passam-se sete dias e não falo com ele.

— Tenho certeza de que ele está bem — falei. — Se não estivesse, ficaríamos sabendo de alguma coisa.

A tempestade tropical Jeanne causara relativamente poucos danos em Bel Air. Mas outro tipo de tempestade estava se formando ali. Depois de 30 de setembro de 2004, 13 anos após o presidente Jean-Bertrand Aristide ter sido deposto do poder pela primeira vez e seis meses depois da segunda, os protestos se tornaram um fato diário em Bel Air. Geralmente começavam fora da pequena praça diante da Nossa Senhora do Perpétuo Socorro, uma igreja caindo aos pedaços e cravada de balas mais abaixo na rua da casa e da igreja do meu tio. Depois da segunda derrubada de Aristide, em fevereiro de 2004, o Conselho de Segurança das Nações Unidas emitira a resolução nº 1.542, estabelecendo a MINUSTAH (Mission des Nations Unies pour la Stabilisation en Haiti), uma missão de estabilização liderada pelo Brasil. Mais de oitenta pessoas morreram quando a polícia nacional haitiana, em colaboração com os soldados da MINUSTAH, enfrentou gangues do bairro durante os protestos. Corpos decapitados, inclusive os de dois policiais, foram encontrados em partes diferentes da capital.

Naquela noite, junto com as reportagens dos jornais que relatavam esses fatos, procurei na internet imagens de Bel Air. Acima de uma nuvem de fumaça que subia de um pneu queimado, vi os portões cor de vinho da igreja do meu tio. Ampliei e girei a foto o máximo que pude, esperando achar a torre de metal liso ou a escada estreita que levava às salas do andar térreo. Ou o corredor do pátio, do qual se podia olhar para cima e ver a janela enquadrada em ferro batido da sala de jantar do meu tio. E, não muito longe dali, as venezianas do apartamento de terceiro andar, recém-construído, onde meu primo Maxo morava com sua segunda mulher, Josiane, e seus cinco filhos pequenos, que nasceram todos desde que ele voltara ao Haiti, em 1995.

No dia seguinte, liguei para meu tio Franck, no Brooklyn, para ver se ele tinha notícias de tio Joseph. Ele tinha o número de telefone de um dos vizinhos de meu tio e também o número de uma das primas de Tante Denise, Man Jou, mas não tentou nenhum deles. Devido aos protestos, às atividades das gangues e às ameaças de decapitação, tio Franck lembrou que, cada vez que tio Joseph saía de sua casa para responder a uma ligação, ou mesmo quando não saía de casa, arriscava sua vida.

Vencendo a escuridão

No domingo, 24 de outubro de 2004, cerca de dois meses depois de partir de Nova York, tio Joseph acordou com o estrepitar de um tiroteio. Havia tiros de pistolas, revólveres, armas automáticas, cujas rajadas trovejantes soavam como foguetes. Era a terceira dessas operações militares em Bel Air em três semanas, mas o tiroteio nunca soara tão perto ou tão alto. Olhando para o despertador de corda no seu criado-mudo, ele se espantou com a hora, pois parecia mais claro lá fora do que deveria, às quatro e meia de uma manhã de domingo.

Durante os estranhos minutos que eram necessários para posicionar e recarregar as armas, era possível ouvir pedras e garrafas chocando-se sobre telhados próximos. Aproveitando o breve intervalo, ele saiu da cama e andou nas pontas dos pés até um orifício sob a escada fora de seu quarto. Estacionado em frente aos portões da igreja, estava um veículo armado para carregar tropas, um blindado com submetralhadoras em cima. O tanque tinha o símbolo familiar azul e branco das forças de paz das Nações Unidas e as letras UN pintadas do lado. Olhando de cima para os becos cheios de lixo que cercavam o prédio, pensou pela primeira vez, desde que perdera Tante Denise, que estava contente por ela estar morta. Ela nunca sobreviveria aos barulhos dos tiros que o tiraram ruidosamente da cama. Como Marie Micheline, ela também poderia morrer de medo.

Ele ouviu vozes abafadas vindas da sala no andar de baixo, então apertou sua caixa de voz e desceu a escada sem fazer barulho. Na sala, estavam Josiane e seus netos: Maxime, Nozial, Denise, Gabrielle e o caçula, que se chamava

Joseph como ele. Léone, que viera de Léogâne em visita, também estava lá com seus irmãos, Bosi e George.

— Ki jan nou ye? — perguntou meu tio. Como está todo mundo?

— MINUSTAH plis ampil police — tentou explicar uma trêmula Léone.

Como meu tio, Léone passara sua vida toda observando a ação do braço forte da autoridade, fosse a dos fuzileiros americanos que ocuparam o país quando ela nasceu ou do brutal exército local que eles treinaram e deixaram para trás a fim de apoiar, e depois derrubar, os governos marionetes de sua escolha. E, quando o governo caiu, os soldados das Nações Unidas, as chamadas forças da paz, tiveram finalmente de intervir e, mesmo ao custo de vidas inocentes, tentar restaurar a ordem.

Agindo sob as ordens do governo provisório que substituíra Aristide, cerca de trezentos soldados das Nações Unidas e da polícia haitiana contrária a manifestações reuniram-se numa operação conjunta para acabar com as gangues mais violentas de Bel Air naquela manhã de domingo. Chegando às três da manhã, os soldados das Nações Unidas invadiram o bairro, esmagando barricadas improvisadas com escavadoras. Derrubaram paredes nas esquinas que poderiam ser usadas para abrigar atiradores, limparam pilhas de carros queimados que bloqueavam o tráfego há semanas e capturaram alguns homens do local.

"É uma limpeza física das ruas", contou mais tarde à Associated Press Daniel Moskaluk, o porta-voz dos instrutores das Nações Unidas junto à polícia haitiana, "para que possamos recuperar o tráfego normal nessa região, ou tão normal quanto possa ser para essas pessoas".

Antes de meu tio entender o pleno quadro da situação, o tiroteio começou de novo, ainda mais forte do que antes. Ele juntou todos no canto mais distante da sala da rue Tirremasse, de onde vinha a maioria dos tiros. Agachado junto aos netos, ele pensava o que poderia fazer se eles fossem atingidos por uma bala perdida. Como levá-los a um hospital?

Passou-se uma hora enquanto se encolhiam embaixo do sofá. Houve outra pausa no tiroteio, mas o lançamento de garrafas e pedras continuou. Ele ouviu algo que não ouvia há muito tempo: as pessoas estavam batendo em bules e panelas, fazendo um barulho que soava pelo bairro inteiro. Não era a primeira vez que ouvia isso, claro. Esse tipo de barulheira proposital era chamado *bat tenèb*, ou "vencendo a escuridão". Seus vizinhos, a maioria dos quais agora estava morta, tentara vencer a escuridão quando Fignolé fora deposto, muitas décadas antes. Uma nova geração experimentara isso outra vez quando Aristide fora derrubado duas vezes. Meu tio tentava imaginar em cada pancada um ato de protesto, um grito pela paz, diante da polícia haitiana, dos soldados das Nações Unidas, de todos que supostamente deveriam proteger as pessoas. Mas na maioria das vezes parecia que os atacavam quando iam atrás dos chimères, ou fantasmas, como eram habitualmente chamados os membros das gangues.

O barulho do metal sendo batido foi mais alto do que o dos tiros no telhado. Ou talvez ele tenha pensado isso apenas por estar esperançoso pela *bat tenèb*. Talvez ele não fosse morrer naquele dia, no fim das contas. Talvez nenhum deles morresse, porque seus vizinhos estavam se fazendo presentes, exigindo paz tanto das gangues como das autoridades, de todos os lados.

Ele levantou-se e olhou cuidadosamente por uma das janelas. Agora havia dois tanques das Nações Unidas estacionados em frente à igreja. Achando que todos ficariam mais seguros em seu quarto, disse para seguirem-no até o andar de cima.

Maxo havia corrido em volta do conjunto da igreja procurando por ele. Agora, tinham se encontrado no quarto do meu tio. O intervalo foi bastante longo para acharem que o tiroteio havia acabado. Aliviado, meu tio tomou um banho e se vestiu, colocou um terno e uma gravata, exatamente como se fosse à igreja em qualquer manhã de domingo.

Maxo se aventurou a sair, para dar uma olhada. Uma calma estranha recebeu-o no portão da frente. Os blindados haviam se mexido alguns metros e, agora, cada um bloqueava um dos becos que juntavam a rue Tirremasse e a paralela, a rue Saint Martin. Ele pensou em varrer as pedras, cacos de garrafas e os cartuchos de balas que havia na frente da igreja, mas afinal decidiu não fazer isso.

Mais uma hora se passou sem tiroteio. Uns poucos membros da igreja chegaram para o culto habitual da manhã de domingo.

— Acho que devemos cancelar hoje — disse Maxo a seu pai quando se encontraram de novo no portão da frente.

— E essas pessoas que estão aqui? — perguntou meu tio. — Como podemos dispensá-las? Se não abrirmos, estaremos mostrando nossa falta de fé. Mostraremos que não confiamos o bastante em Deus para nos proteger.

Às nove da manhã, eles abriram os portões da igreja para cerca de uma dúzia de paroquianos. Porém, decidiram que não usariam os microfones e alto-falantes que geralmente levavam o culto até a rua.

Após meia hora do culto, outra série de tiros foi disparada. Meu tio abaixou-se no altar e agachou-se, junto com Maxo e os outros, sob uma fileira de bancos. Desta vez, o tiroteio durou cerca de vinte minutos. Quando olhou para cima, outra vez para o relógio, eram dez horas. Apenas se ouvia o som esporádico de tiros no momento em que uma dúzia de membros da polícia anticonflitos haitiana, o CIMO (Corps d'Intervention et de Maintien de l'Ordre, ou Corpo de Intervenção e Manutenção da Ordem), semelhante à SWAT, invadiu a igreja. Todos usavam preto, inclusive nos capacetes e coletes à prova de balas, além de carregarem rifles de assalto automáticos, bem como armas de apoio, que muitos deles apontaram para a congregação. Seus rostos estavam cobertos com máscaras escuras de pano perfurado, através das quais só se podiam ver seus olhos, narizes e bocas.

Os paroquianos tremiam nos bancos, alguns soluçavam de medo, enquanto os membros do CIMO os cercavam. O chefe da corporação abaixou sua arma e tentou tranquilizá-los.

— Por que estão com medo? — gritou, com sua boca parecendo flutuar no meio de sua face escura. Quando fez uma pausa, ela conservou um trejeito nervoso. — Se acreditam mesmo em Deus — continuou —, não deveriam ter medo.

Meu tio não sabia se estava zombando deles ou tranquilizando-os, dizendo que estavam bem ou preparando-os para a execução.

— Estamos aqui para ajudá-los — disse o oficial em comando —, para protegê-los dos chimères.

Ninguém se mexeu ou falou.

— Quem é o encarregado aqui?

Alguém apontou para meu tio.

— Há chimères aqui? — gritou o policial na direção do meu tio.

Membros de gangues dentro da sua igreja? Meu tio não queria pensar que havia. Mas então ele olhou para os rostos nada costumeiros nos bancos, muitos homens e mulheres que tinham corrido para dentro a fim de se abrigar das balas. Poderiam ser chimères, gângsteres, bandidos, assassinos, mas a maioria parecia gente comum tentando sobreviver.

— Você vai me responder? — perguntou rudemente o oficial a meu tio.

— Ele é um *bèbè* — gritou uma das mulheres da igreja. Tentava ajudar meu tio. Ela não queria que o ferissem. — Ele não consegue falar.

Frustrado, o oficial mandou seus homens dividirem a congregação em grupos menores.

— Quem é esse? — perguntavam alternadamente, usando suas metralhadoras para indicar. — Quem é aquele?

Quando ninguém respondeu, o comandante disse para seus homens saírem. Ao recuarem, meu tio pôde ver outro grupo de soldados subindo a escada de fora, rumo aos andares de cima. Em seguida, ouviu outro barulho de armas automáticas. Desta vez, vinha de cima, do teto do edifício.

O tiroteio durou mais meia hora. Depois, seguiu-se um silêncio apavorante, o silêncio de corpos quietos de medo, desenrolando-se de poses protetoras, tirando suavemente a poeira de seus ombros e costas, receosos de respirar alto demais. Então, agindo juntos, a polícia anticonflitos e os soldados das Nações Unidas, que muitas vezes colaboravam nessas operações, desceram correndo a escada num estouro organizado e desapareceram rua abaixo.

Depois de um tempo, meu tio se dirigiu ao portão da frente da igreja e examinou lá fora. Os tanques estavam indo embora. Rastreando o som de disparos esporádicos, eles viraram a esquina em direção à rue Saint Martin, então voltaram pela outra direção. Um dos tanques ficou circulando pela rue Tirremasse até o fim da tarde. Quando o anoitecer se aproximou, não havia mais oficiais do centro de comando em serviço até a igreja de Nossa Senhora do Perpétuo Socorro, no fim da rua.

Assim que as forças se retiraram, começou a gritaria para valer. Pessoas cujos corpos foram perfurados e feridos por balas gritavam alto, pedindo ajuda. Outras se lamentavam por seus entes queridos. *Amwe*, acertaram meu filho. Socorro, feriram minha filha. Meu pai está morrendo. Meu bebê está morto. Meu tio rabiscou algumas das palavras que ouvia em um dos bloquinhos do bolso da sua camisa. Novamente, registrar coisas tornara-se uma obsessão. Certo dia, eu sabia, ele esperava reunir todas as suas notas, sentar e escrever um livro.

Havia tantos gritos que meu tio não sabia para onde se voltar. Quem ele tentaria ver primeiro? Observava gente cambalear para fora de suas casas, gente empoeirada e sangrando.

— Vejam o traidor — disse um homem, apontando para ele. — O filho da puta que os deixou ir até o telhado, para nos matar.

— Você não vai mais morar aqui entre nós — disse outro. — Você ganhou dinheiro com nosso sangue.

Durante a semana inteira houve anúncios oficiais em várias estações de rádio, pedindo que as pessoas de Bel Air e de outras áreas perigosas chamassem a polícia se vissem gangues se reunindo em seus bairros.

Houve rumores de que uma recompensa de 100 mil dólares haitianos — o equivalente a cerca de 15 mil dólares americanos — fora oferecida pela captura dos líderes das gangues de bairro. Os vizinhos de meu tio achavam, equivocadamente, que ele oferecera seu telhado a fim de ganhar algum dinheiro.

Dois rapazes suados e nervosos arrastavam, cada um, pelos braços, um cadáver ensopado de sangue. Dirigiam-se ao meu tio.

Meu tio recuou, indo para as sombras mais seguras do pátio da igreja. Anne, que fora aluna da sua escola, seguiu-o.

— Pastor — sussurrou —, minha tia me mandou aqui para lhe dizer algo.

A tia de Anne, Ferna, então com 37 anos, a mesma idade que Marie Micheline tinha quando morreu, ele se lembrou, tinha nascido nas vizinhanças. Ele conhecia as duas desde que tinham nascido.

— O que é? — perguntou meu tio.

— Não fale — disse Anne. — As pessoas ouvem a sua máquina.

Meu tio tirou a caixa de voz do pescoço e fez um gesto para ela continuar.

— Pastor — disse Anne —, minha tia me mandou dizer que ouviu que 15 pessoas morreram quando atiraram do seu telhado, e os vizinhos dizem que vão lhe trazer os cadáveres para que possa pagar seus enterros. Se não pagar, e se não pagar as despesas de hospital das pessoas feridas, disseram que vão matá-lo e cortar sua cabeça, para que não seja nem reconhecido no seu próprio enterro.

Meu tio abaixou o volume da sua caixa de voz e se inclinou perto da orelha de Anne.

— Diga a Ferna para não se preocupar — disse. — Deus está comigo.

Como, conforme havia dito ao meu pai, ele partiria para Miami em alguns dias para visitar igrejas, tinha 800 dólares que planejava deixar para os salários dos professores. Então, quando seus vizinhos lotaram o pátio falando sobre seus entes queridos feridos ou mortos, ele lhes deu esse dinheiro. Como muitos eram pessoas que haviam sido atingidas, assim como ele poderia ter sido baleado dentro das paredes de sua casa, sua igreja, elas entenderam que não era sua culpa. Porém, quando escureceu e os irmãos de Tante Denise insistiram para que ele voltasse para dentro a fim de que pudessem trancar todas as portas e portões, dois cadáveres foram arrastados para a frente da igreja e deixados ali. Naquela tarde, no rádio, o governo relatou que só duas pessoas haviam morrido na operação. Obviamente havia muito mais.

Naquela noite, depois de escurecer, todo mundo se reuniu no quarto de meu tio. Ele e seus filhos juntaram-se na sua cama, enquanto Maxo e sua mulher, Josiane, Léone e seus irmãos acomodaram-se em cobertores no chão. Para evitar serem vistos, ficaram no escuro, sem acender nem uma vela.

Agora, podiam ouvir um tipo mais habitual de tiroteio, não o superpoder de fogo das forças especiais haitianas e dos soldados das Nações Unidas, e sim uma espécie mais fraca de munição vinda de revólveres e de rifles dos membros de gangues da área. Eventualmente, tiros acertavam a igreja. De vez em quando, uma voz atormentadora gritava: "Pastor, você não vai escapar. Vamos fazer você pagar."

Usando um celular de cartão com um número rapidamente decrescente de minutos, Maxo tentou várias vezes ligar para a polícia e para a linha de emergência das Nações Unidas, mas não conseguiu resposta. Queria dizer-lhes que suas operações os haviam estigmatizado, talvez os condenado à morte. Queria que mandassem a cavalaria e os resgatassem, mas logo percebeu que ele e sua família estavam por sua própria conta.

Em certo momento, ouviram passos, o soar alto de botas numa saliência estreita acima da janela do quarto de meu tio. Maxo apertou a mão no cabo de um machete que guardava sob seu travesseiro, exatamente como seu pai fizera na juventude. Algo pesado estava sendo puxado no chão acima deles, talvez o gerador que usavam para a maior parte da sua eletricidade.

Fez-se silêncio outra vez. Meu tio esperou que as crianças dormissem antes de discutir os planos com os adultos.

— Eles estão furiosos, sobretudo comigo — disse. — Estão furiosos porque acham que pedi que a polícia anticonflitos e as Nações Unidas subissem no telhado. Todo mundo que veio à noite perguntou-me "Por que os deixou entrar?", como se eu tivesse escolha.

— Maxo — disse, pondo o máximo possível de autoridade na sua voz mecânica. — Pegue sua mulher e seus filhos e vá para Léogâne com sua tia e seu tio. Se saírem às quatro da manhã, poderão estar em um dos primeiros caminhões para Léogâne.

— Não vou abandoná-lo — disse Maxo.

— É preciso — insistiu meu tio. Ele queria mostrar um quadro doloroso o suficiente para forçar Maxo a partir, não só para salvá-lo como às crianças. Então, foi buscar na memória uma imagem da sua infância sobre os medos que uma porção de pais, inclusive os seus, tinha com relação a seus filhos, durante a ocupação americana.

— Agora eles estão muito furiosos conosco — disse a Maxo. — E se furarem as crianças com baionetas bem na nossa frente? Você quer ver isso? Seus filhos rasgados de membro a membro bem diante de seus olhos?

Maxo andou pelo quarto, de um lado a outro, pensando.

— Tudo bem — disse finalmente. — Vou garantir que as crianças partam em segurança, depois voltarei. Ligue o mais rápido que puder para o celular e nos encontraremos na casa de Tante Zi, em Delmas.

— Você deve ir conosco — persistiu Léone.

Nunca saberei se meu tio achava que era velho demais ou familiar demais para seus vizinhos, inclusive os membros da gangue, para ser atingido de qualquer forma, mas de algum modo conseguiu convencer todos a sair. Então, quando o sol nasceu na manhã seguinte, ele estava sozinho, numa área cravada de balas.

Inferno

Granmè Melina gostava de contar uma história sobre um homem que certo dia adormecera e acordara numa terra estranha, onde não conhecia ninguém e ninguém o conhecia. Vendo-se de costas no meio de uma estrada suja cheia de estranhos, ele olhou para as faces borradas ao seu redor, emolduradas por um sombrio dia cinzento, e perguntou:

— Onde estou?

— Você está onde está — respondeu uma voz estrondosa.

— Onde é isso? — perguntou.

— Onde você precisa estar — respondeu a voz.

— Não pedi para estar aqui — disse o homem —, seja onde for.

— Não interessa como você acabou aqui — continuou a voz —, você está aqui.

Cansado da conversa em círculos, o homem disse:

— Quero que me diga imediatamente onde estou. Se não disser, vou ficar zangado.

— Quem liga para sua raiva? — respondeu a voz. — Ninguém tem medo de você aqui.

Bastante zangado agora, o homem exigiu:

— Diga-me onde estou, agora!

— Você está no Inferno — informou a voz.

E como isso aconteceu há muito tempo, o homem não sabia o que era o Inferno, mesmo que ele já pudesse ver que não era um lugar feliz.

— O que é Inferno? — perguntou.

— O Inferno — respondeu a voz — é aquilo do que você mais tem medo.

Na manhã seguinte, segunda-feira, às quatro da manhã, Maxo, seus filhos, sua tia e tios partiram relutantemente para Léogâne. Meu tio sentou-se sozinho em seu quarto e reuniu alguns papéis, inclusive seu passaporte e sua passagem de avião para Miami, que comprara semanas antes, quando planejava visitar algumas igrejas haitianas lá. Deveria partir na sexta-feira, 29 de outubro, tal como dissera a meu pai.

A passagem de avião marcava a página do pai-nosso na sua Bíblia. Agora, ele deixaria a casa, não sabia por quanto tempo, mas não queria colocar a vida das crianças em perigo saindo com elas. Além disso, ele ainda esperava que a situação se resolvesse, de alguma maneira. Ele podia falar com os *dreads*, como também eram chamados os líderes de gangues que usavam o cabelo com *dreadlocks*, e explicar tudo. Afinal, antes de serem chamados de *dreads*, ou mesmo chimères, haviam sido rapazes, meninos, muitos dos quais passaram toda a vida na vizinhança. Ele conhecia suas mães, seus pais, suas irmãs, seus irmãos, tios e tias. Alguns deles frequentaram sua igreja, sua escola, comeram no seu programa de almoço. Muitos estiveram na sua igreja para batizados, casamentos e enterros. Muitas vezes emprestara-lhes seu gerador para torneios de futebol e festinhas locais. Até tinha dado, a muitos dos deportados dos Estados Unidos entre eles, empregos de professores de inglês para seus alunos. O tiroteio no telhado destruíra um equilíbrio instável entre meu tio e eles, mas certamente pelo menos um do grupo teria uma lembrança favorável que pudesse superar o que achavam, equivocadamente, que ele fizera.

Antes de descer, meu tio tirou o terno que usava desde o dia anterior e trocou-o por um conjunto de calça marrom e paletó cinzento que às vezes usava para viagens longas pelo interior. Calçou um par de sapatos velhos de couro marrom que, como todos os seus outros sapatos, foram consertados e ganharam novas solas muitas vezes. Não vou a lugar nenhum, era o que pretendia que suas roupas dissessem. E, até aquela altura, ele não tinha certeza de que iria.

Assim que começou a andar pelo pátio, ouviu um dos vizinhos assobiar no portão lateral, tentando chamar sua atenção. As luzes do dia ainda estavam fracas, mas as ruas já estavam cheias de vendedores apregoando suas mercadorias e pessoas voltando da missa, crianças indo à escola, caminhões e táxis saindo e fazendo corridas. Sua vizinha Darlie, uma garota alta e magra, com tranças compridas que iam até abaixo da cintura, entrou rapidamente quando ele abriu o portão e o fechou apressadamente atrás dela.

— Pastor — cochichou —, ontem à noite pegaram o gerador da igreja e, quando Gigi tentou detê-los, levaram-na para cima e a jogaram de um dos terraços.

— O bon dye. — Meu Deus, sussurrou, levando as mãos à cabeça. Como poderia Gigi, outra vizinha amiga, ter-se colocado entre uma gangue armada e um gerador? E como ele não ouvira os gritos dela no seu quarto? — Ela está viva? — arquejou. Preferia fazer isso a usar a caixa de voz, que chamaria a atenção.

— Quebrou uma perna — continuou a vizinha. — Está no hospital.

Meu tio procurou no bolso em que estavam seu passaporte e a passagem de avião, e no bolso do paletó no qual muitas vezes carregava sua Bíblia, na vã esperança de que pudessem ter sobrado alguns dólares. Todo o dinheiro se fora.

— Mas não era isso que eu queria dizer. Pastor, o senhor precisa partir já. Eles estão vindo. Vá depressa. Eles estão vindo.

Ela destrancou o portão e saiu. Meu tio estava tentando fechá-lo quando uma grande mão de homem se enfiou e tirou a tranca de metal dos seus dedos. Era um rapaz baixo, vigoroso, com uma pequena bandeira do Haiti enrolada em torno da cabeça, que entrou rapidamente no pátio. Tinha um rosto marcado com cortes que pareciam linhas de cicatrizes de gilete. Foi seguido por outro homem, este mais alto, mais magro, com uma barba fina e irregular e um boné branco de redinha que cobria uma cabeça grande com cabelos de longas trancinhas. Um homem careca veio em seguida. O último abriu o portão ainda mais para permitir a entrada de mais alguns. Seguiu-se outro grupo, depois mais outro, todos os seus rostos logo se mesclando numa névoa de ódio. De repente, ele compreendeu as verdadeiras ações de uma multidão, um corpo furioso juntando-se a outro, até que todos se tornaram membros de um monstro feroz.

O pátio logo ficou lotado de rapazes. Quando olhou para as varandas e os terraços, também estavam lotados.

— Pastor — gritou o chefe *dread*, com a voz esganiçada e rude. — Graças a você, perdemos 15 caras ontem e temos seis feridos à bala. Como você deixou os malditos entrarem, precisa pagar, ou cortaremos sua cabeça.

O chefe *dread* citou especialmente os casos de dois rapazes que meu tio conhecia, ambos com menos de 20 anos. Durante o ataque, uma bala fraturou as costelas de um. O outro fora atingido no estômago. Suas famílias receavam levá-los ao hospital público, disse ele, porque, julgando que eram todos criminosos, a polícia rotineiramente executava jovens com ferimentos de bala. Precisavam do dinheiro para achar um médico para esses dois homens e para outros, um médico que viesse até eles.

A quantia que pediram a ele era tão impossivelmente alta até para lembrar. Poderia muito bem ser 1 bilhão de dólares. Esperando negociar, raciocinar, meu tio estendeu a mão e tentou tocar o braço robusto do *dread*. Este empurrou sua mão para o lado com força suficiente para quase fazê-lo cair. Ao se equilibrar, meu tio levantou a caixa de voz até o pescoço e disse:

— Tande.

O *dread* fez um gesto para a multidão crescente se calar.

— Preciso de tempo — continuou meu tio. — Tenho que dar uns telefonemas. Preciso entrar em contato com minha família em Nova York. Tenho que lhes pedir que me mandem algum dinheiro. Meu telefone não está funcionando. Preciso achar um aparelho. Voltem esta tarde, à uma hora, e terei algo para vocês.

O chefe *dread* olhou para a multidão, depois para cima até as varandas das salas de aula, buscando a aprovação dos que estavam ali. Levantou suas mãos grandes no ar e, como Moisés dividindo o mar Vermelho, fez sinal para que se espalhassem. Mas eles não foram longe. Divididos em grupos menores, invadiram as salas de aulas com terraços e começaram a pegar o que quer que estivesse ao alcance: os quadros-negros, as carteiras. Alguns tiraram as portas das dobradiças e as levaram. Os *dreads* principais ficaram de lado, deixando entrar cada vez mais gente no pátio, mesmo quando os outros foram embora.

Meu tio estava completamente cercado, mas ninguém tocou nele. Eles entravam mais no conjunto, rumo ao apartamento, à igreja. De onde estava, totalmente imóvel num lugar perto de uma pequena grelha que a mulher de Maxo às vezes usava para fazer suas refeições, ele podia ver muitos dos seus vizinhos saqueando suas coisas. Nana, uma velha que mancava com uma bengala, levava alguns dos seus pratos de jantar. Danielle, uma garotinha cuja mãe lhe vendia água às vezes, juntou-se a estranhos que também saíam com um punhado das roupas dos filhos de Maxo. Podia agora ver o terno azul-marinho de algodão e lycra que usara no enterro da sua mulher, aquele com que desejava ser enterrado, indo embora nos braços de um menino. Enquanto a multidão ia e vinha em torno dele — foram-se a churrasqueira de carvão e seu despertador de corda —, ele não ousou se mexer para o outro lado do pátio, onde um fio de fumaça se erguia de dentro da igreja.

"Estão queimando o altar da igreja", alguém gritou, "e parte da *direksyon*", isto é, a sala do diretor da escola.

A multidão começou a ir nessa direção, mas ele continuou no lugar, sem se mexer. Queria ir à igreja, para vê-la, defendê-la, exigir o altar. Mas e se a multidão decidisse queimá-lo também, naquele momento?

O que ele pôde ver foram os bancos e o altar sendo arrastados para o meio da rua e incendiados. Parte da sua sala, que era exatamente abaixo da igreja, também foi queimada; seus papéis, inclusive dúzias de bloquinhos nos quais rabiscava palavras e frases, suas observações sobre o bairro nos bons e maus tempos, estavam agora todos espalhados pela rua, sendo amassados, levados embora ou queimados.

O pátio agora estava quase vazio, com o foco de todo mundo mudando para a igreja. As poucas pessoas que ainda estavam por ali evitavam, com vergonha, os seus olhares à medida que passavam, uma delas com um punhado de escovas de dentes novas que ele guardava no criado-mudo em seu quarto, em cima.

Ele tinha de sair agora, finalmente deixar o bairro, de verdade. Mas será que conseguiria atravessar as barricadas, onde certamente os *dreads* teriam gente esperando, procurando por ele? Ao se dirigir para o portão, ele notou que Anne, a sobrinha de sua velha amiga Ferna, estava de pé do outro lado do beco, observando-o. Teria ela também se voltado contra ele? E a sua tia? Anne estava de mãos vazias, mostrando que não levara nada. Ela não o roubara.

— Vini — ela chamou. — Venha.

Ele foi sem pensar, deixando-a puxá-lo pela mão. Andando pela ladeira escorregadia que separava sua casa de outro pequeno pátio, ele manteve o rosto abaixado, o queixo o mais perto possível do peito, sem bloquear seu buraco de traqueostomia. Não ousava olhar para trás, na direção da igreja, quando uma nova onda de saqueadores passou por ele, naquela direção. Poderia tentar segui-los, tentar detê-los, argumentar com eles. Pensou nos feridos que poderiam estar morrendo em algum lugar. Pensou em suas mães, em seus pais, inclinados sobre eles, incapazes de fazer qualquer coisa, a não ser olhar. O país estava perdendo outra vez uma geração de jovens, alguns violentos, alguns inocentes, mas todos na linha de fogo, morrendo.

O pátio em que ele e Anne subiram levava a uma série de pequenas passagens, algumas casualmente pavimentadas com concreto escorregadio, algumas cheias de lixo e lama e outras pontilhadas por poças de água suja estagnada. O labirinto do bairro, de passagens do tamanho de corredores, era como túneis, levando para toda parte, mas infelizmente só dentro do bairro. Ele não conhecia muito bem o caminho pelo qual Anne o levava agora. Novas casas, barracos, eram construídos o tempo todo, criando caminhos mais novos e mais estreitos. Finalmente, ela abriu um portão de aço corrugado, composto de vários pedaços enferrujados, e entrou.

No quintal só havia espaço para uma latrina e uma pia de concreto, com uma torneira enferrujada. Sem dizer uma palavra, a tia de Anne, Ferna, uma moça lindamente robusta, fez sinal para que ele entrasse na escuridão de sua casa. Com calor e suado, ele seguiu além de uma cortina de contas até um canto entre uma mesinha de jantar e a cama dela.

— Pastor, você vai ficar aqui até escurecer — disse ela. — Então acharemos algum lugar para ir.

A cadeira de vime que ela lhe deu para sentar era muito baixa e suas costas doíam quando ele mudava de posição, esperando achar uma postura mais confortável. Mas tinha de ficar ali, insistiu ela. Se alguém entrasse na casa, ele poderia facilmente se enfiar embaixo da mesa e ficar escondido. Agachado ali, pôde ouvir os sons normais do dia — uma mulher brigando com sua empregada por causa de um almoço que ela queimara, um pai xingando o professor que mandara seu filho para casa porque ele não podia pagar a mensalidade. Ao mesmo tempo, algumas pessoas passavam dizendo: "Soube que quase mataram o pastor?"

Ouviu muitas variações disso, as pessoas correndo até a igreja para ver, indo ao seu apartamento para descobrir se havia algo lá. Sua vida inteira reduzira-se a uma estranha curiosidade, uma oportunidade de saque. Porém, estava grato, porque ninguém parecia saber que estava ali, escondido. Alguns achavam que ele realmente estava morto. Outros tinham certeza de que havia fugido.

A conversa do bairro logo passou para outros assuntos. Novamente os detalhes mais comuns da vida cotidiana. O vendedor de ovos veio receber um pagamento de Ferna. Uma amiga chegou para trançar o cabelo de Anne. Os visitantes eram recebidos na porta, mas não entravam. Ele tentou pensar no que iria acontecer. Certamente os *dreads* agora o procuravam. Talvez só quisessem que ele fugisse, deixasse o conjunto para que o confiscassem. Ferna e Anne não tinham notícias. Elas, assim como ele, não tinham telefone fixo nem celular. Estavam com medo até de ligar o rádio, receando que isso pudesse atrair a atenção de alguém. Se tivessem ligado o aparelho, poderiam ter ouvido que a polícia anticonflitos haitiana e a MINUSTAH estavam realizando outra operação de limpeza. Desta vez era no vizinho Fort National, não muito longe do arquivo nacional do país, onde foram baleados e mortos 12 rapazes.

Mais tarde, naquele dia, meu tio conseguiu, de algum modo, cair no sono. Felizmente ele sempre foi capaz de dormir, não importava o que acontecesse. Talvez por estar sempre ocupado, acordando cedo e indo dormir tarde. Ele também gostava de andar, muitas vezes passando do limite. Não importava o que houvesse, seu corpo sempre podia se desligar, forçando-o a dormir.

Quando acordou, Ferna estava sacudindo-o. Pôde sentir o hálito dela no seu rosto, mas não conseguiu vê-la no escuro.

— Pastor — ela falou, com a voz rouca de preocupação e sono —, o senhor deve partir agora. Precisa ir.

— Que horas são? — perguntou, tendo certeza de que sua caixa de voz estava no volume mais baixo possível.

— Três e meia da manhã — ela respondeu. Quase o mesmo horário, lembrou, em que Maxo, sua tia e seu tio e as crianças partiram. Para onde ele iria agora? Poderia ir a Léogâne e se juntar a eles, mas será que conseguiria passar pelas barricadas e chegar à estação do ônibus? Também poderia ir até a casa de Tante Zi, em Delmas, mas teria o mesmo problema?

Só pôde pensar em uma solução. Tante Denise tinha uma prima que morava bem nos limites do bairro, perto do perímetro das barricadas das gangues. Sua casa era em algum lugar entre o Lycée Pétion e a igreja Nossa Senhora do Perpétuo Socorro, onde muitas vezes se reuniam os tanques das Nações Unidas. Se ele conseguisse chegar até a casa dela, poderiam esperar por um momento oportuno, quando os tanques estivessem ali, para sair do bairro.

— Você conhece Man Jou? — ele perguntou a Ferna.

Ela conhecia.

— Vou à casa dela — disse ele. — Ela tem um telefone. Posso ligar para Maxo de lá. Não quero que ele tente voltar para me buscar. Podem matá-lo.

Agora, ele também pôde ouvir o barulho de outros pés no escuro — os de Anne. Ela acendeu uma lamparina a querosene e a pôs perto do rosto dele.

— Não pode ir com suas roupas — disse Ferna. — Precisamos disfarçá-lo.

Remexendo numa mala aberta a seus pés, ela pegou uma peruca escura, cacheada, que ia até a nuca, um chapéu de palha de aba larga e um *muumuu* comprido e florido para cobrir as roupas dele. Ele não conseguia imaginar por que Ferna tinha todas aquelas coisas guardadas na mala. Talvez pensasse que algum dia também precisaria fugir.

— O senhor tem que se disfarçar — insistiu. — Logo vai clarear e alguém pode vê-lo.

Que escolha tinha? Não podia se deixar capturar. Também não podia se entregar, para ser decapitado, para morrer. Então, deixou Ferna e Anne passarem o *muumuu* sobre suas roupas. Quando puseram a peruca na sua cabeça, o cabelo caiu do lado de seu rosto, causando coceira, como as perucas de sua mulher faziam quando ele a beijava. Embora Tante Denise usasse perucas há muito tempo, ele lembrava como ela, muitas vezes, achava-as insuportáveis, arrancando-as da cabeça assim que entrava em casa.

Com a peruca e com o *muumuu* sobre suas roupas, ele caminhou pelo beco com Anne e Ferna ao seu lado. Havia uma estranha tranquilidade no bairro, com as casas se misturando a sombras sujas na escuridão. Enquanto elas o guiavam para cima e para baixo nas ladeiras em meandros do bairro, ele se sentiu como um cego sendo levado por um labirinto. Andando rápido, de vez em quando passavam por um jovem cambaleando na direção de casa, bêbado. Uma garota indo dormir depois de uma noite vendendo o corpo. Um homem, ou talvez uma mulher, que, após um olhar furtivo em direção aos sapatos masculinos dele, rapidamente correu para ultrapassá-los, com a cabeça mais inclinada, o rosto mais escondido, talvez também um fugitivo, talvez também tentando escapar.

Man Jou estava com as bochechas em forma de balão do clã de Tante Denise quando envelhecia. O sorriso dela era fácil, mas suas broncas mais fáceis ainda. Era conhecida por seu temperamento forte, mas também por sua generosidade e seu senso de humor. Então, quando tio Joseph apareceu vestido de mulher, ela abriu a porta, riu, depois o deixou entrar. Sua casa, como a de Ferna, era pequena, com uma sala e um quarto ainda menor. Porém, ela tinha uma cama grande, com bastante espaço para alguém desaparecer embaixo dela sem sufocar.

Meu tio passou os dois dias seguintes na casa de Man Jou, dormindo num cobertor grande aos pés da cama dela. Enquanto ficava ali deitado, muitas vezes após tentar uma série de telefonemas sem sucesso para Maxo e as crianças ou para Tante Zi, ele ouvia os relatos de Man Jou sobre uma situação cada vez pior. Na vizinha rue Saint Martin, a polícia mandara quatro jovens deitarem de cara para o chão e os executara com tiros à queima-roupa na nuca. Seus corpos foram deixados para apodrecer na rua por mais de 48 horas, como um exemplo macabro. Enquanto isso, as gangues construíram novas barricadas perto da igreja dele com lixo e carros queimados. Só moradores que estivessem em bons termos com as gangues podiam entrar na sua rua. As gangues foram morar no seu apartamento, na escola, na igreja, instalando uma base da qual operavam, na sua propriedade.

"Se ele voltar", o chefe *dread* teria declarado, "nós o queimaremos vivo".

Limbo

Meu tio conseguiu falar com Maxo e Tante Zi nos seus celulares, na noite da quarta-feira seguinte. Eles haviam esgotado seus minutos ligando para a cidade toda, tentando localizá-lo. Finalmente, recarregaram seus cartões e esperaram pela ligação dele.

Assim que seus filhos se instalaram com segurança em Léogâne, Maxo decidiu viajar com seu pai para Miami, planejando se encontrar com ele na casa de Tante Zi assim que tio Joseph conseguisse sair de Bel Air. Quando meu tio ligou para Tante Zi, cuja papelaria ficava na Grand Rue, apenas a alguns minutos da casa de Man Jou, ela decidiu ir até lá e encontrar seu irmão.

— Não venha — pediu meu tio. — Não agora, Zi. Ainda não.

— Não podemos deixar você aí — ela respondeu. — Você tem sua passagem. Pode deixar o país amanhã. Precisamos fazer você sair.

Na manhã seguinte, quinta-feira, Tante Zi vestiu uma das suas roupas, todas brancas, que usava desde 1999, quando seu filho mais velho, Marius, morreu de aids, em Miami, aos 30 anos.

Na época da morte de Marius, ele não deixara vestígios de sua estada de mais de cinco anos em Miami. Nenhuma mensagem para sua mãe. Nenhuma caderneta bancária, nem joias, nada que pudesse ser colocado num malote fechado e enviado para sua família. Devido a esse vazio com que Marius fora mandado para ela num brilhante caixão americano, Tante Zi sempre carregou fotos do cadáver dele aonde fosse e vestia roupas brancas como uma lembrança diária de seu falecimento.

Ela estava com sua roupa matinal quando se aproximou da primeira barricada em Bel Air naquela manhã.

— Filho — chamou um dos muitos jovens armados que guardava um caminho estreito entre dois ônibus escolares amarelos destruídos. Um dos homens tinha uma estranha semelhança com Marius, seu menino bonito, escuro e magro como um varapau. Ela estendeu uma das mãos para ele. Ele estendeu a sua. Ela rapidamente enfiou nela uma nota de 20 dólares haitianos, retirando a mão antes que os outros pudessem ver.

— Reze com fé — ele resmungou. Talvez pensasse que ela estava indo à Nossa Senhora do Perpétuo Socorro para assistir à primeira missa.

Fez sinal para que ela passasse e ela obedeceu, andando para dentro do bairro.

Aquela era a primeira vez que ia a Bel Air desde a operação de domingo. Nunca viu a coisa tão ruim. As ruas estavam atoladas de lixo. Havia bombas vazias de gás lacrimogêneo, granadas explodidas, cartuchos vazios, buracos de bala e mais lixo por toda parte. Algumas casas estavam sem partes inteiras, por causa da ação das escavadoras das Nações Unidas.

Ao chegar a outro posto de vigilância, uma pilha de pneus da sua altura, ela levantou ambas as mãos sobre a cabeça mesmo não havendo ninguém ali. No seu punho direito, ela carregava um lenço branco, que sacudiu para a frente e para trás, para mostrar que não estava armada. As patrulhas das Nações Unidas e os postos de vigilância das gangues estavam separados apenas por alguns quarteirões, dando lugar a alguém como ela, que bastava estar na rua na hora errada para ser atingida por ambos os lados.

O sol nascera e algumas pessoas começavam a se aventurar para fora de suas casas. Ela estava fazendo o possível para se misturar com elas, andando devagar como se estivesse apenas passeando, e não indo a algum lugar em especial, mas também estava suando, molhando sua blusa e sua saia de algodão. Desde aqueles dias compridos entre saber da notícia da morte de Marius e esperar a chegada do seu corpo de volta para casa que ela não sentia tanto medo.

Um tanque das Nações Unidas estava estacionado a uma boa distância dali, no pé da ladeira, perto do Lycée Pétion. Ela e tio Joseph só tinham de chegar ali para poderem se considerar em segurança, pelo menos com relação às gangues. Ela teria de achar o caminho certo, talvez o mais cheio de lixo, a trilha menos frequentada, dentre o labirinto de passagens que a levariam ali.

Descendo o caminho pedregoso que levava à casa de Man Jou, Tante Zi ora andava depressa, ora devagar. Exatamente como ela e Man Jou haviam combinado no telefone, Man Jou esperava-a na frente de sua casa. Queriam que as coisas parecessem bem normais, como se fosse um encontro casual no começo da manhã.

— Quer entrar? — perguntou Man Jou.

— Wi, mèsi, mas não posso ficar muito — disse Tante Zi.

Meu tio estava sentado na cama de Man Jou, lendo tranquilamente a sua Bíblia. Usava as mesmas roupas que vestia sob o *muumuu*, desde segunda-feira. Seu rosto parecia cavado, com seus malares altos — tão iguais aos de meu pai — bem mais pronunciados do que o normal. Olhando para cima e vendo Tante Zi, pareceu aliviado mas triste.

— Frè mwen. — Irmão, disse Tante Zi, beijando-o na testa.

Ele levantou os ombros e fez um gesto com eles, que ela entendeu: "Ora, bem, as coisas são o que são."

— Ele não quer fazer de novo — disse Man Jou. — Ele não quer usar o disfarce.

— Frè mwen — disse Tante Zi.

Meu tio balançou a cabeça, negando.

— Vou emprestar uma toalha, então — disse Tante Zi. — Pelo menos cobriremos sua cabeça. Se alguém nos vir, acharão que ele é uma pessoa doente, alguém que estamos levando para o hospital.

Meu tio estava cansado de se esconder, porém, mais do que tudo, ele não queria comprometer Man Jou, então concordou com a toalha.

Quando saíram, ao sol do começo da manhã, meu tio, mesmo com parte do rosto coberta pela toalha, ofuscou-se com a luz. Tante Zi pegou sua mão e o levou por outra série de corredores e becos, em que seus pés espirravam lama, à medida que avançavam. Embora ela andasse vigorosamente, arrastando-o às vezes, ele não ofereceu resistência, seguindo-a o melhor que podia.

— Ele estava tão cansado — lembrou Tante Zi —, era como se estivesse entregue.

Ela tentou ficar o mais perto possível da estrada que estava sendo patrulhada. Haveria pouquíssimas pessoas nesses caminhos e, certamente, quase nenhum membro das gangues. Porém, cada rosto parecia ameaçador. Até a mulher mais velha que olhava do seu portão. Até a criança mais jovem pulando corda perto dela. Seu punho apertava os dedos de meu tio a cada passo. Só tinham de chegar ao Lycée, até um dos blindados de patrulha, ela ficava lembrando a si mesma.

Enquanto ainda estavam nas trilhas, chegaram o mais perto possível da estrada, então Tante Zi atravessou depressa uma rua deserta, ainda segurando meu tio. Andando rápido, seguiram o caminho junto à praça em frente à Nossa Senhora do Perpétuo Socorro, caso tivessem de correr para se abrigar dentro da igreja. Mais alguns poucos minutos e estavam na frente do Lycée, mas a patrulha das Nações Unidas não estava mais ali. Correndo além da velha catedral, enfiaram-se na multidão de vendedores e carros que andavam devagar.

"Isso não foi tão difícil", Tante Zi se lembra de ter lido no rosto de meu tio. "Por que eu não tentei?"

— Você não poderia, irmão — disse ela, tranquilizando-o. — Eles não tiraram só suas coisas. Eles tiraram suas pernas, tiraram seu coração. Você poderia ter saído da casa de Man Jou sozinho e morrer com o choque de ver as poucas pessoas que não queriam matá-lo.

Ela o segurou pelo cotovelo ao andarem até a papelaria dela. Ela não pôde trabalhar todos os dias desde que os protestos começaram. Prendendo a respiração, meu tio tirou a toalha da cabeça. Sentou-se num banquinho baixo diante do balcão e começou a tirar a lama dos seus sapatos com um pedaço de jornal. Tante Zi ofereceu-lhe água, que estava usando para limpar seus pés, e ele aceitou um pouco. Não quis a comida que lhe foi oferecida após se limparem. De repente, estava cheio de planos. Precisava ir à unidade antigangues da polícia para contar o que havia acontecido, e às Nações Unidas para fazer uma queixa. Maxo estava vindo agora mesmo de Léogâne e iria com ele a Miami. Ele teve de parar num banco para pegar algum dinheiro, depois numa agência de viagens próxima para confirmar a saída do seu voo, então comprar uma passagem para Maxo. Os voos estariam partindo?, pensou. Mas o caos em Porto Príncipe muitas vezes se limitava apenas a certas regiões. Poderia haver uma guerra sendo travada em alguns bairros, enquanto outros estariam em paz como... geralmente se poderia dizer de uma igreja ou talvez de um cemitério, mas agora era difícil encontrar a paz também em algumas igrejas e cemitérios.

Ele também teve de parar numa farmácia por causa dos remédios que sempre tomava para sua próstata inflamada e sua pressão alta. Aquela mesma farmácia também tinha remédios de ervas, tônicos feitos com cascas de árvores misturadas com vitaminas líquidas que, conforme acreditava, se não curavam, ajudavam o corpo a combater certas doenças. Pegou uma garrafa grande para meu pai e outra para ele. Não eram muito diferentes dos tipos de poções cheias de esperança que a herborista de Nova York poderia ter preparado, mas meu tio, tendo usado tais poções a vida inteira, tinha certeza de que funcionariam melhor simplesmente por ser dali.

Assim que pegou seus remédios, tomou um táxi para a unidade antigangues do outro lado do palácio do governo, com seu domo branco. Durante os primeiros anos Duvalier, no fim dos anos 1950, no começo dos 1960, ninguém poderia imaginar parar por um instante na frente do palácio presidencial, sob o risco de se suspeitar que estivesse conspirando contra o governo e poder levar um tiro. Também naquele tempo, se seu cabelo não estivesse bem-cortado ou se você usasse algo que fizesse lembrar um afro, poderia ser preso. Também poderia ser detido por andar descalço, como um vagabundo, mesmo que se fosse pobre demais para comprar sapatos. Os chimères, esses rapazes, alguns dos quais estavam morrendo em casa por causa de ferimentos à bala, e outros que agora estavam empilhados numa cela de 3 por 3 metros, dentro do prédio antigangues, também não teriam sobrevivido a essa época.

Dentro do prédio, o barulho era ensurdecedor — os gritos de protesto da cela superlotada, os policiais que mesmo lá dentro ainda usavam máscaras tipo balaclava. Meu tio andou rapidamente até uma mesa ocupada por um dos policiais das forças especiais que não usava uma máscara. Como seus colegas mascarados, esse homem era alto e corpulento, maior que a maioria dos haitianos. Ele tinha ouvido algumas vezes dos seus paroquianos que os agentes do CIMO não eram realmente haitianos, ou nem mesmo humanos. Eram máquinas criadas pelos americanos, que os treinavam para matar e destruir.

— Posso ajudá-lo? — perguntou o oficial gigante na mesa, que parecia mais gentil e compassivo do que um matador brutal.

— Eu gostaria de fazer um relato — disse ele.

Sua voz mecânica provavelmente ecoou pela sala opaca. Ele poderia ter olhado em torno para ver se alguém o estava observando, alguém que o pudesse reconhecer, então sair para esperá-lo e matá-lo.

O agente disse para que se sentasse.

— O que vai relatar? — perguntou o policial, pegando um formulário de uma pasta no alto de uma escrivaninha já cheia de pilhas e pilhas de papéis. Pegou uma caneta embaixo de outro monte de papéis e preparou-se para escrever.

Na parte de cima do formulário estavam as palavras:

POLICE NATIONALE D'HAITI
SERVICE D'IVESTIGATION ET ANTI-GANG (SIAG)
SECTION DE DOLEANCES

A última linha indicava que meu tio estava na seção de queixas da unidade da polícia nacional de investigação e antigangues. E, para afastar qualquer esperança de que o assunto sobre o qual se queixava pudesse realmente ser tratado, a palavra *investigation* estava escrita errado no cabeçalho do departamento.

A natureza do incidente em questão foi resumida como "pilhagem, roubo e incineração". A declaração do meu tio ao agente relatava o que acontecera naquele domingo na igreja, bem como no dia seguinte. Entre as muitas coisas que dissera ter perdido estavam *nos papiers importants*, nossos papéis importantes. Foi-lhe pedido que pagasse ao policial 40 dólares haitianos, o equivalente a 5 dólares americanos, por uma fotocópia do documento original, que o guarda colocou no topo de outra pilha grande de documentos semelhantes na sua mesa.

Alguém poderia ser mandado para sua casa em Bel Air agora para examinar a situação?, perguntou meu tio.

O agente disse que era uma hora ruim. Estavam ocupados demais, mas depois iriam dar uma olhada.

E que tal um juiz de paz, um juiz de averiguação ou um juiz investigativo, que geralmente eram mandados para a cena de um crime?

Se ele conseguisse encontrar um que fosse por conta dele financeiramente, disse o policial, teria o prazer de mandá-lo lá, mas lhe desejava boa sorte, já que agora ninguém iria a Bel Air, inclusive agentes do CIMO e as Nações Unidas.

Mas e se as gangues tomassem o conjunto e ele precisasse voltar, não seria necessário o relatório de um juiz de paz?

— Estamos numa guerra agora — explicou o agente, tranquilamente. — Veremos o que acontece depois da guerra.

Mas quanto tempo demorará essa guerra? Quantos mais terão de fugir? Quantos mais terão de morrer? As Nações Unidas, a MINUSTAH não estavam ali para acabar com a guerra?

Como ele poderia fazer uma denúncia semelhante nas Nações Unidas, junto à MINUSTAH?, perguntou.

O agente disse-lhe para ir até Bourdon, um pequeno bairro morro acima, na estrada que levava a Pétion Ville, um dos subúrbios da cidade. O quartel-general da CIVPOL, a Unidade de Polícia Civil das Nações Unidas, estava instalado na Villa Saint Louis, um hotel de 25 quartos, a 60 dólares americanos por noite, com varandas espaçosas que davam vista para partes de Porto Príncipe.

Ele deixou a unidade antigangues por volta de meio-dia, levando sua cópia do relatório da polícia. Estava muito quente lá fora e ele podia sentir o sol esquentar seu rosto, através dos pelos de uma barba curta que deixara crescer naqueles últimos dias. Tio Joseph não pudera se barbear na casa de Man Jou. Precisava se lembrar de comprar um barbeador antes de ir para a casa de Tante Zi, para estar barbeado no voo do dia seguinte.

Tomou outro táxi para a Villa Saint Louis. Na entrada, perguntou a alguns soldados camuflados onde poderia prestar uma queixa. Eles deram de ombros, pois não falavam crioulo ou francês.

"Português", disseram, fazendo sinais para que fosse mais para dentro.

Em contraste com Bel Air e a unidade antigangues, o hotel parecia extremamente luxuoso, com sua piscina e seu deque cheio de mesas com guarda-sóis. Antes dos ataques começarem, ele ouvira alguns dos seus paroquianos brincarem dizendo que os MINUSTAH eram na verdade TURISTAS, turistas numa exploração aventureira. Imaginou o que esses paroquianos diriam se pudessem ver esse hotel.

Espalhados entre o bar e a área do saguão havia um grande número de agentes da CIVPOL. Do jeito que a vida estava ficando confusa, havia agora todas essas siglas para lembrar: CIMO, SIAG, MINUSTAH, CIVPOL.

Ao contrário das "forças de paz" ou soldados da MINUSTAH, os agentes da CIVPOL usavam uniformes das forças policiais dos seus países, com capacetes azuis das Nações Unidas e coletes à prova de balas combinando. Meu tio reconheceu logo as túnicas e calças escarlates da Real Polícia Montada canadense, agentes que falavam francês e pareciam superar em número os outros grupos que conversavam em várias línguas diferentes ao seu redor.

Aproximando-se de um deles, perguntou em francês onde poderia prestar queixa.

O policial teve problemas para entender sua máquina, então meu tio teve de repetir várias vezes. O agente, um homem cujo rosto parecia tão vermelho quanto sua túnica, talvez por causa do sol, levou-o até um canto silencioso perto de uma escada e, à medida que seus olhos passavam por outros policiais almoçando em torno da piscina, meu tio tentou contar-lhe o que acontecera.

Ele tinha preenchido um boletim na unidade antigangues?, perguntou o guarda.

Ele respondeu que sim e estendeu o boletim do SIAG para o policial.

O agente pegou o papel e lhe disse para esperar. Tiraria uma cópia.

O ruído da conversa em várias línguas distraiu momentaneamente meu tio, enquanto ele aguardava. Logo o policial voltou. Disse que fizera a cópia.

"Merci", disse meu tio, sem saber ao certo por que estava agradecendo.

Alguma coisa seria feita?, ele perguntou. Os soldados das Nações Unidas que dispararam do seu telhado seriam disciplinados? As pessoas que foram feridas receberiam ajuda? A Cruz Vermelha iria até lá e as levaria ao hospital? As famílias dos mortos seriam indenizadas? Ou pelo menos ajudadas com as despesas do enterro?

Era provável que policiais haitianos houvessem atirado do seu telhado, disse o agente. A MINUSTAH e a CIVPOL estavam ali simplesmente para ajudar a polícia haitiana. Se seus vizinhos tinham sido feridos e mortos pela polícia haitiana, as Nações Unidas não poderiam fazer nada.

Meu tio tinha contatado alguma organização haitiana de direitos humanos?, ele perguntou. O escritório haitiano da Coalizão Nacional pelos Direitos Haitianos, órgão baseado em Nova York, ou o Comité des Avocats pour le Respect des Libertés Individuelles — o Comitê dos Advogados pelo Respeito aos Direitos Individuais?

Ele não sabia onde ficavam esses grupos, disse meu tio. Além disso, ele estava saindo do país no dia seguinte. Percebeu como isso deve ter soado arrogante, privilegiado, afortunado. Havia muitos outros que estavam indefinidamente presos no fogo cruzado entre a polícia e as Nações Unidas e as gangues. Ele planejava voltar, disse, por isso queria ter todos os seus boletins arquivados para poder ter sua casa de volta, viver novamente onde passara a maior parte da sua vida.

Boa sorte, disse o policial.

Mais tarde, depois de deixar Léogâne e antes de ir até a casa de Tante Zi, Maxo viajaria pela mesma rota de seu pai, um sem saber que o outro fora à unidade antigangues para fazer um boletim que levara às Nações Unidas. Maxo fora a outro edifício perto do hotel Villa Saint Louis, um lugar que também abrigava policiais das Nações Unidas. Ali, ele encontrou mais soldados brasileiros e cabos da Real Polícia Montada canadense. Esses homens (havia poucas mulheres nessas forças) e todo mundo que usava um uniforme empunhando um cassetete e levando uma arma causaram espanto e medo em Maxo e em meu tio, pois eram parte de um constante morde e assopra, ou do que meu tio poderia ter chamado *mòde soufle* em crioulo, em que os mais capazes de liquidar você também eram aqueles únicos que ofereciam alguma ilusão de abrigo e proteção, um toque de esperança — mesmo que falsa — de uma possível restauração. No boletim de Maxo no SIAG, como parte de sua *declaration de perte*, ou declaração de perda, ele também listou *nos papiers importants* — certidões de nascimento, velhos cartões de registro, fotos de família, diplomas escolares, o tipo de coisa de que se precisa para restaurar até os menores fragmentos de uma vida.

Só soube da sorte do meu tio naquela quinta-feira à noite. Tante Zi ligou para sua filha em Nova York, que transmitiu as notícias a meu pai.

Durante nossa conversa por telefone, à noite, meu pai disse calmamente:

— Você está grávida, então não se preocupe demais, mas seu tio teve alguns problemas em Bel Air.

— O que aconteceu? — perguntei.

— Não sei de todos os detalhes, mas ouvi dizer que agora há uma gangue na casa dele.

— Onde *ele* está? — eu quis saber.

— Ele e Maxo estão na casa de Zi. Virão amanhã para Miami. Você o encontrará antes de qualquer um de nós.

Depois de contar as notícias para meu marido, liguei para o celular de Tante Zi. Do seu jeito exuberante de sempre, para coisas boas ou ruins, Tante Zi contou os detalhes da história que sabia, como meu tio lhe contara.

Perguntei se poderia falar com ele.

— Ele está dormindo — disse ela.

— E Maxo?

— Também.

Ela não tinha coragem de acordá-los, disse, porque tinham dormido muito pouco nos últimos dias, além de terem de acordar cedo na manhã seguinte para pegar o avião.

— Por favor, diga-lhes para me ligarem de manhã — pedi. — Diga-lhes que meu marido e eu queremos saber que voo vão pegar, assim poderemos recebê-los.

Um dos pastores amigos de meu tio iria pegá-los, ela respondeu. Meu tio já havia combinado isso.

— Não se preocupe — disse ela. — Ligarão para você assim que chegarem.

Não há vergonha maior

No dia seguinte, sexta-feira, a saúde de meu pai deu uma guinada para pior. Preocupado com meu tio, ele não dormira à noite. Sua voz estava tão rouca com a tosse que ele mal conseguiu falar quando liguei. Seu eczema e a psoríase voltaram e ele perdera completamente o pouco de apetite que tinha.

Minha filha tinha começado a chutar à noite, e suas acrobacias fetais me deixaram totalmente exausta pela manhã. Eu estava na cama lutando contra uma possibilidade de desmaiar quando Bob me ligou para contar sobre papai.

— Talvez você deva levá-lo ao hospital — eu disse a Bob.

— Ele não quer ir — disse Bob. — Diz que apenas o mandarão para casa, como nas outras vezes.

Enquanto ele falava, eu podia ouvir meu pai tossir e gemer alto ao fundo.

— Ele está piorando — acrescentou Bob. — E essa coisa com o tio não está ajudando.

Eu queria muito estar em Nova York com meu pai, então fechei os olhos e me imaginei lá. Estou sentada na beira da sua cama e estamos vendo o programa de jogos favorito do meu pai, *O preço está certo*, na televisão. Sem termos certeza das respostas, chutamos desesperadamente, mas de algum modo ainda conseguimos acertar todas. Isso deixa meu pai tão contente que ele se levanta da cama e começa a dançar. Primeiro, dança como uma bailarina em câmara lenta, mas depois acelera o ritmo, até estar aos pulos, saltando na cama e fora dela.

Quando acordo, não tenho certeza se era um devaneio ou um sonho. Porém, quando olho para o relógio em minha cabeceira, vejo que são mais de três da tarde.

O telefone toca e é o que me faz acordar, em primeiro lugar. Atendo, esperando meu tio e Maxo. Em vez disso, é Tante Zi.

— Eles estão com você? — perguntou ela.

— Non — respondi.

Talvez eles tivessem ligado e eu não tenha atendido. Procurei pelo botão de mensagens no telefone. A secretária eletrônica não registrou nenhuma chamada.

— O avião deles já deve ter pousado — disse Tante Zi. — Eles foram bem cedo para o aeroporto, mas o avião deles devia ter partido um pouco depois do meio-dia. — Eu mesma os levei ao aeroporto. — Ela estava falando alto e rápido. Havia uma dureza na sua voz, uma tensão de ansiedade. — Levei-os em uma caminhonete. Mandei pastilhas para você — acrescentou —, daquelas que sei que você gosta. Seu tio está com elas.

O fato de Tante Zi se lembrar de me mandar doces de amendoim nessa hora tensa me espantou.

— Achei que você poderia ter desejos — disse ela. — Desejos não satisfeitos podem causar sinais de nascença no bebê. — Ficou quieta por um instante, daí recomeçou na mesma voz rápida e alta. — Olhe, cuide bem de seu tio. Ele perdeu tudo.

— Vou tomar conta dele — falei.

— Acho que ele não deve voltar ao Haiti por um bom tempo — continuou. — Agora aqui está uma loucura. Nenhuma paz.

Atribuí o fato de não ter falado com meu tio e com Maxo a um atraso do voo. Então, liguei para a companhia aérea, a American Airlines, e descobri que o avião em que meu tio e Maxo deveriam estar decolara e pousara. Por causa das leis de privacidade, não podiam me dizer se os dois estavam nele ou não. Quando ficou mais tarde e meu marido voltou do trabalho, fiquei cada vez mais nervosa. Talvez tivessem perdido o voo, disse meu marido, e tivessem sido transferidos para o dia seguinte.

O começo da noite chegou sem notícias. Depois, mais telefonemas, primeiro de tio Franck, de Nova York, depois do meu pai. Deixando-me ainda mais preocupada, o amigo pastor de meu tio também ligou. Sua mulher esperara três horas no aeroporto internacional de Miami e não vira sinal de meu tio ou de Maxo.

Por volta das nove da noite, as ligações pararam de repente. Com celulares a postos, Fedo e eu fomos dar o que chamávamos de nosso passeio diário de gravidez no calçadão de Miami Beach. Estava uma noite perfumada, mas uma brisa fria vinha do oceano. Não andamos muito. Preocupados pelo fato de meu tio talvez só se lembrar do número de telefone fixo, voltamos depressa para esperar. De vez em quando, eu ligava para Tante Zi no celular, mas ela não atendia.

Fedo e eu nos deitamos e tentamos pensar em algumas possibilidades. Eu queria ter pelo menos uma explicação provável para meu pai.

— Eles provavelmente chegarão amanhã — disse a ele quando ligou.

Meu pai ligou apenas para saber de meu tio e Maxo. Estava fraco demais para continuar a falar. Caí num sono profundo e triste.

O telefone tocou à uma e meia da madrugada. Desde que meu pai adoecera, ligações tarde da noite e no começo da manhã faziam meu corpo agora muito grande saltar imediatamente da cama. Porém, não consegui atender.

No correio de voz havia uma mensagem de uma agente da Alfândega e Proteção da Fronteira americana. Ela deve ter lido um formulário da Consultoria de Contato da Detenção da CBP, que contém um texto fornecido pela Alfândega e Proteção de Fronteira, que diria: "Sou a agente fulana de tal da Alfândega e Proteção da Fronteira americana do aeroporto internacional de Miami. Seu tio, que chegou aos Estados Unidos no voo 822 da American Airlines, pediu que entrássemos em contato com a senhora..." Mas o que ela disse na verdade foi: "Sra. Danticat, estamos com seu tio aqui."

Fez uma pausa e parecia que ela tinha afastado rapidamente a boca do fone para perguntar ao meu tio: "Qual é seu nome, senhor?"

A caixa de voz dele soou claramente quando respondeu: "Joseph Dantica." Pronunciou seu nome à maneira francesa, colocando o máximo de ênfase na última sílaba. Apesar de um erro na certidão de nascimento do meu pai tê-lo tornado um Danticat, dando-nos uma variação singular do nome da família, ainda pronunciamos nosso sobrenome do mesmo jeito. Em francês e em crioulo, nosso tê era mudo, embora muitas vezes eu brincasse com meu tio que em inglês éramos "gatos" e ele não.

"Estamos com ele aqui", a policial continuou com a mensagem, "na Alfândega e Proteção da Fronteira. Ele pediu asilo e estamos completando sua papelada".

Havia esperança, gentileza na sua voz, uma impressão dominante de normalidade e rotina. Mas seu número não ficara gravado no meu telefone e ela não o deixara para eu ligar de volta.

Meu marido procurou na internet, enquanto eu folheei a lista telefônica em busca do número da Alfândega e Proteção da Fronteira no aeroporto internacional de Miami. Depois de algum tempo, conseguimos.

— Alguém me ligou — eu disse. — Sobre um homem idoso e seu filho.

— Eu os conheço bem — falou o homem que atendeu. Nas suas poucas palavras, pude ouvir o desprezo que talvez sempre houvesse na sua voz, mas que parecia, entretanto, especialmente dirigido a mim. — Eles vêm para cá sem documentos e tentam entrar...

— Eles têm documentos — tentei explicar.

— Desculpe — disse ele —, mas tenho dois voos chegando. — Então, desligou.

"Temos de ir ao aeroporto", disse para meu marido. Estávamos a apenas 15 minutos de lá e não conseguiríamos nada pelo telefone.

No balcão fechado da American Airlines, no aeroporto, descobrimos um faxineiro haitiano que nos levou à entrada das salas da Alfândega e Proteção da Fronteira. Elas também estavam fechadas. De pé do lado de fora das portas de metal, liguei de novo para o número da repartição.

Outro agente atendeu.

— Alguém me ligou — falei — sobre meu tio, Joseph Dantica. Ele deve estar com seu filho, Maxo.

— Estão bem aqui à minha frente. — Esta foi a voz mais gentil e mais educada até então.

— Estou no aeroporto — informei.

— Sim?

— Vim para recebê-los.

Sua longa pausa indicou algum tipo de mal-entendido da minha parte. Algo me fora dito que eu obviamente não percebera totalmente.

— Só ligamos para a senhora para informar que estão aqui — disse ele. — Eles não vão ser liberados. Vão para Krome.

Meu coração se apertou. No ano anterior, eu tinha ido ao centro de detenção de Krome como parte de uma delegação de observadores da comunidade organizada pelo Centro de Advocacia de Imigrantes da Flórida. Uma série de edifícios cinzentos de concreto e de trailers, Krome ficava localizada no que parecia ser o meio do nada, a sudoeste de Miami. Durante nossa visita, um grupo de homens com macacões azul-escuros idênticos era escoltado para um pátio coberto de concreto, com cercas de alambrado, emolduradas por linhas de arame farpado. Os homens andavam em duas linhas retas, sentaram-se nas compridas mesas como as que havia nas cafeterias e contaram suas histórias à nossa delegação. Eram *boat people* — gente de navios — haitianos e, além dos seus nomes, identificavam-se com o nome dos navios em que haviam vindo.

"Meu nome é...", diziam. "Vim no barco de julho." Ou "Vim no barco de dezembro."

Alguns inventavam parábolas para explicar sua situação. Um homem falava sobre a ameaça de cachorros loucos — membros de gangues — que o forçaram a se abrigar na casa de um vizinho, o vizinho sendo os Estados Unidos. Outro contou sobre uma avalanche de lama, querendo dizer o Lavalas, ou Partido da Enchente, que levara tudo embora. Outro nos havia pedido para contar ao mundo que às vezes os detidos eram surrados. Contou sobre um amigo que tivera as costas feridas por um guarda e fora deportado antes de conseguir cuidados médicos. Alguns dos presos lutavam entre si, às vezes quase se matando, observados sem interesse pelos guardas. Falavam de outros guardas que lhes diziam que cheiravam mal, que os provocavam dizendo-lhes que, ao contrário dos fugitivos cubanos, cujo refúgio era garantido, eles nunca conseguiriam asilo, que poucos haitianos tinham conseguido. Disseram que os grandes quartos nos quais dormiam em fileiras e fileiras de camas de metal muitas vezes estavam tão superlotados que alguns deles tinham de dormir em cobertas finas no chão. Às vezes sentiam tanto frio que tremiam a noite toda. Contaram sobre a comida, que, em vez de nutri-los, castigava-os, dava-lhes diarreia e os fazia vomitar. Falaram sobre toques de recolher arbitrários, sobre como eram acordados às seis da manhã e forçados a voltar para o quarto frio às seis da tarde.

Eu vira alguns homens que pareciam jovens demais para ter os 18 anos obrigatórios para a detenção em Krome. Alguns deles pareciam ter 14 ou até 12 anos. Como poderemos saber se não são mais jovens, perguntei a um dos advogados da nossa delegação, se chegam sem certidão de nascimento, sem documentos? O advogado respondeu que a idade deles era determinada pelo exame dos dentes. Não pude deixar de lembrar com angústia os lugares de leilão de escravos, onde era preciso ficar de boca aberta para determinar o valor e o estado de saúde.

Um homem, que recebera asilo mas ainda não fora liberado na época da nossa visita, mostrou-nos marcas de queimadura nos braços, no peito e na barriga. Sua carne estava manchada de branco, com fileiras e fileiras de cicatrizes de queloides. Parecia uma violação olhar para sua barriga, para o espaço em que as cicatrizes mergulhavam mais fundo no seu corpo. Mas ele estava acostumado a mostrá-las, disse. Teve de mostrá-las para vários juízes da imigração para provar que merecia sair.

Sentei-me à frente de um homem idoso, que parecia ter mais ou menos a idade do meu pai, que disse: "Se eu tivesse uma bala, já teria me acertado. Não sou um criminoso. Não estou acostumado à prisão."

A vergonha de ser um prisioneiro dominava tudo. Era um estigma que a maioria não podia evitar. Ter sido preso, algemado, disseram muitos, esfregando o lugar nos seus pulsos em que as leves algemas foram colocadas neles assim que chegaram a solo americano: "Não conheci maior vergonha na minha vida."

Encontrei um rapaz de Bel Air. Seus olhos estavam injetados. Ele não conseguia parar de chorar. Sua mãe morrera na semana anterior, disse, e ele sequer pôde ir ao seu enterro. Disse-me o nome dela e, quando descreveu sua casa, aquela em que morava em Bel Air, pude me lembrar. Não era longe da casa do meu tio.

— Posso falar com meu tio? — perguntei ao agente da alfândega, que, ao que parecia, estava pacientemente esperando que eu desligasse o telefone.

— Isso não é permitido — disse ele.

— Por favor — insisti. — Ele é velho e...

— Ele entrará em contato quando chegar a Krome.

Estrangeiro 27041999

Meu tio era agora o estrangeiro 27041999. Ele e Maxo haviam saído do aeroporto Toussaint Louverture, em Porto Príncipe, no voo 822 da American Airlines. O voo deveria partir às 12h32, mas se atrasou um pouco e saiu mais tarde.

No avião, meu tio tentou escrever um relato do que lhe acontecera num pedaço de papel branco. Intitulou seu texto "Epidemie du 24 octobre 2004".

"*Un groupe de chimères ont détruit L'Eglise Chrétienne de la Rédemption.*" Um grupo de chimères destruiu a Igreja Cristã da Redenção. Então, desistiu de escrever frases para simplesmente fazer uma lista do que fora tirado ou queimado na igreja, incluindo os bancos, duas poltronas estofadas usadas em cerimônias de casamento, um instrumento de percussão, alguns alto-falantes e microfones.

Ao saírem do avião, cerca de duas e meia da tarde, meu tio e Maxo esperaram sua vez com um grande grupo de visitantes em uma das filas compridas da Alfândega e Proteção da Fronteira (CPB). Quando chegaram ao balcão de inspeção, apresentaram seus passaportes e vistos válidos de turistas para um agente da CPB. Quando lhe perguntaram por quanto tempo ficariam nos Estados Unidos, meu tio, sem entender as implicações plenas daquela escolha, disse que queria pedir asilo temporário. Ele e Maxo foram postos de lado e colocados numa área de espera da alfândega.

Não sei por que meu tio não usara simplesmente o visto válido que tinha para entrar nos Estados Unidos, como fizera pelo menos trinta vezes antes, e depois pedir o asilo. Tenho certeza agora de que ele não tinha intenção de ficar em Nova York ou em Miami pelo resto da vida. Por isso, segundo Maxo, ele especificou "temporário". Teria agido baseado no conselho de alguém? Ou foi algo que tinha ouvido no rádio, lido nos jornais? Será que pensou que, com tudo que lhe acontecera, as autoridades — outra vez aqueles com poder tendem a lhe dar uma das mãos e cortar a outra — iriam acreditar nele? Ele planejava ficar no máximo algumas semanas, alguns meses, mas estava decidido a voltar. Por isso fizera o boletim policial na unidade antigangues. Por isso quisera que um agente, um juiz de paz ou um juiz investigativo fosse a Bel Air para testemunhar e inspecionar, para que ele pudesse voltar quando as coisas estivessem mais calmas e reclamar sua casa, sua escola e sua igreja. Ele dissera isso a Tante Zi no dia anterior.

Só posso intuir que, quando lhe perguntaram quanto tempo ficaria nos Estados Unidos, ele sabia que iria ficar mais do que os trinta dias que seu visto permitia, e quis dizer a verdade.

Maxo e meu tio foram contatados por outro agente da Alfândega e Proteção da Fronteira às 17h38, e a essa altura decidiu-se que meu tio precisaria de um tradutor para sua entrevista. Maxo, que falava inglês fluentemente, não poderia atuar como tradutor, por ser seu filho.

Documentos da Repartição de Alfândega e Proteção da Fronteira indicam que meu tio foi entrevistado por um tal de agente Reyes, com a ajuda de um tradutor. Um formulário padrão de entrevista da CBP teve o agente Reyes começando por dizer: "Sou agente do Serviço de Imigração e Naturalização dos Estados Unidos. Estou autorizado a fazer cumprir as leis de imigração e a receber declarações juramentadas. Quero ouvir sua declaração juramentada com relação a seu pedido de admissão aos Estados Unidos."

Uma foto digital anexada ao formulário da entrevista do meu tio mostra-o cansado e perplexo. Sua cabeça aparece da ponta de seu bico de viúva até seu queixo. Um pedaço do ombro, que está caído para trás, está fora da vista. Ele veste um paletó, o mesmo que, segundo Maxo, usava desde que tinha deixado a casa em Bel Air. Embora olhe para a câmera, seus olhos voltam-se para o lado, possivelmente para o fotógrafo.

A entrevista começou com o agente Reyes perguntando ao meu tio:

— Entendeu o que eu lhe disse?

— Sim — respondeu meu tio.

— Está disposto a responder às minhas perguntas agora?

Após fazer meu tio jurar e afirmar que todas as declarações que iria fazer seriam verdadeiras e completas, o agente Reyes pediu-lhe que dissesse seu nome.

— Dantica Joseph Nosius — respondeu meu tio.

— É cidadão de que país?

— Haiti.

— Tem alguma razão para acreditar que é cidadão dos Estados Unidos?

— NÃO.

— Tem algum parente: mãe, pai, irmão, irmã, esposa ou filho, que seja cidadão ou residente permanente dos Estados Unidos?

Meu tio respondeu que tinha dois irmãos nos Estados Unidos, um — meu pai — cidadão americano naturalizado, e o segundo — meu tio Franck — residente permanente.

— Por que resolveu entrar hoje nos Estados Unidos? — perguntou o agente Reyes.

— Porque um grupo que está causando problemas no Haiti quer me matar — respondeu meu tio.

Segundo a transcrição, o agente Reyes não pediu mais explicações ou detalhes.

— Quanto dinheiro tem? — perguntou, continuando a entrevista.

Meu tio respondeu que tinha 1.009 dólares americanos com ele.

— Qual é sua ocupação? — perguntou o agente Reyes.

O autor da transcrição/tradutor mostra meu tio dizendo "Sou um padre", mas é mais provável que ele tenha dito que era um *evèk*, um bispo, ou pastor sênior.

— Que documentos apresentou hoje ao primeiro agente da Alfândega e Proteção da Fronteira que encontrou? — perguntou o agente Reyes.

— Meu passaporte haitiano e formulários de imigração — respondeu meu tio.

— Que nome está nesses documentos?

— Dantica Joseph Nosius.

— O nome nos documentos é seu nome verdadeiro e correto?

— Sim.

— Já usou outros nomes?

— Não.

— Está carregando algum remédio receitado para algum problema de saúde? — perguntou o agente Reyes.

O autor da transcrição/tradutor mostra meu tio dizendo "Sim, para dores nas costas e para o peito". E, entre parênteses, escreve "ibuprofeno".

A transcrição não mostra nem meu tio nem o entrevistador falando de duas garrafas de rum cheias de remédios de ervas, uma para ele e outra para meu pai, nem dos vidrinhos menores de pílulas receitadas para sua pressão sanguínea e para a próstata inflamada.

— Como descreveria seu atual estado de saúde? — continuou o agente Reyes.

Segundo a transcrição, meu tio respondeu: "Não está mal." Provavelmente ele disse "*Pa pi mal*", exatamente como meu pai continuava a dizer mesmo enquanto agonizava.

— Já foi preso antes, em qualquer época ou em qualquer lugar?

— Não.

— Por que exatamente está pedindo para (*sic*) asilo político hoje nos Estados Unidos?

— Porque eles queimaram minha igreja no Haiti e temo por minha vida.

Novamente nenhuma explicação ou detalhes foram pedidos e meu tio não falou mais.

— Pediu para (*sic*) asilo político antes nos Estados Unidos ou qualquer outro país?

— Não.

— Alguém pedido (*sic*) para o senhor se tornar residente permanente legal nos Estados Unidos?

— Não.

— Esteve nos Estados Unidos no ano de 1984?

— Sim, mas não me lembro.

(Eu também não lembrava se ele estivera ou não nos Estados Unidos em 1984. Sabia que ele estivera no ano anterior, durante o verão de 1983, quando comprou a caixa de voz, mas não me lembrava se ele havia voltado no ano seguinte.)

— Já tem encontro (*sic*) antes com o Serviço de Imigração dos Estados Unidos?

— Não.

— Por que deixou o país da última residência?

— Porque temo pela minha vida no Haiti. E queimaram minha igreja.

— Tem algum receio ou preocupação se mandado de volta para seu país, ou quanto a ser enviado para fora dos Estados Unidos?

— Sim.

— Causariam dano ao senhor ser mandado de volta para seu país de última residência?

— SIM.

— Entendeu minhas perguntas?

— Sim.

— Tem alguma pergunta ou há algo que queira acrescentar?

— Não.

Pediram a meu tio, então, que assinasse a declaração. Ele deveria rubricar cada página da transcrição traduzida, mas em vez disso ele assinou seu nome em todas as cinco páginas. Um documento da CBP mostra que ele voltou à área de espera, onde, às 19h40, recebeu um refrigerante e batatas fritas.

Às 22h03, meu tio Franck recebeu um telefonema em sua casa no Brooklyn. O agente da CBP que ligou perguntou a ele se tio Joseph teria feito um pedido para se tornar cidadão americano em 1984. Tio Franck disse que não.

Mais tarde, arquivos do Departamento de Segurança Interna mostrariam que, em 22 de setembro de 1983, uma consulta ao Departamento de Justiça dos Estados Unidos sobre o status de imigração de meu tio havia sido pedida pelo hospital Kings County, onde ele tinha feito sua cirurgia e posteriores checapes. Como resultado, em 14 de fevereiro de 1984, um dossiê de imigração de "estrangeiro" número 27041999, do qual meu tio nunca tomou conhecimento, foi aberto para ele. O dossiê, mais tarde, foi fechado.

"Ele vem aos Estados Unidos há mais de trinta anos", tio Franck lembrou-se de ter dito ao agente da CBP que ligara para ele. "Se ele quisesse ficar, teria ficado há muito tempo."

Tio Franck então perguntou se poderia falar com tio Joseph.

— Dizem que vão me mandar para a prisão — tio Franck lembrou-se de tio Joseph ter dito. Era difícil perceber emoção através da caixa de voz, mas tio Franck pensou que soava como se ele tivesse sido surpreendido com algo que não tinha como entender.

— Não é verdade. Não podem prendê-lo — tio Franck disse, de acordo com suas lembranças. — Você tem um visto. Tem documentos. Você lhes disse há quanto tempo vem para cá?

Tio Franck pediu então a tio Joseph para passar o telefone ao agente da CBP.

— Ele vai para Krome — disse o agente.

— Ele não pode — tio Franck respondeu. — Ele tem 81 anos, é um velho.

Tio Franck então perguntou se poderia falar com meu tio mais uma vez.

O agente da CBP disse:

— Já temos um tradutor para ele — e desligou.

Às 23h, meu tio recebeu outra vez um refrigerante e batatas fritas. Às 23h45, assinou um formulário dizendo que seus bens pessoais tinham lhe sido entregues. O formulário registra como seus bens pessoais apenas seus 1.009 dólares e um relógio de pulso prateado. À 1h30, recebi meu telefonema. Às 4h20, meu tio e Maxo foram levados para a área de detenção anexa ao aeroporto, em outro edifício. A essa altura, meu tio estava com tanto frio que enrolou o cobertor de lã do avião que lhe deram bem firme ao seu redor, enquanto ficou numa cama de cimento até as 7h15. Por volta das 7h30, deixaram a área de detenção para entrar em uma van branca até Krome. Maxo foi algemado, mas pediu que meu tio não fosse, devido à sua idade. O agente concordou em não algemá-lo, mas disse a Maxo para informar a meu tio que, se tentasse escapar, seria baleado.

Há um formulário chamado Checagem da Atividade Discricionária para Candidatos Estrangeiros, que existe para ajudar agentes de verificação da Alfândega e Proteção de Fronteira a decidir se liberam ou prendem uma pessoa como meu tio. Na checagem há perguntas como: o(a) estrangeiro(a) representa ameaça aos Estados Unidos, tem um histórico criminal ou filiação ou laços terroristas? É provável que ele(a) contribua para a população ilegal ou ofereça alguma ameaça possível?

Assinalando a "natureza" da não aceitabilidade do meu tio, o agente Reyes citou uma busca positiva do Sistema Central de Identificação, envolvendo o dossiê de imigração de 1984.

Na parte de comentários embaixo de sua checagem, ele escreveu: "O citado tem um A#", ou um número de registro de estrangeiro. Em um memorando posterior, mais detalhado, ele escreveu: "O Sistema Central de Identificação revelou que o citado tinha um número A existente (27041999), que revelou resultados negativos quanto a ser um residente. O Sistema Central de Identificação não contém qualquer informação a respeito, a não ser seu nome, sua data de nascimento e sua data de atividade de 14/2/1984."

Ainda assim, suspeito que meu tio foi tratado de acordo com uma política preconceituosa de imigração que datava do começo dos anos 1980, quando haitianos começaram a chegar de barco à Flórida em grande número. Ao aportar ali, onde os refugiados cubanos, assim que conseguiam pôr o pé em terra, eram recolhidos e liberados para suas famílias, os haitianos que buscavam asilo eram desigualmente detidos e então deportados. Enquanto hondurenhos e nicaraguenses continuaram a receber proteção por quase dez anos depois que o furacão Mitch atingiu suas pátrias, os haitianos foram deportados para áreas de enchentes semanas depois que a tempestade tropical Jeanne deixou uma cidade inteira embaixo d'água, do mesmo jeito que o furacão Katrina fez com partes de Nova Orleans. Será que meu tio foi para a prisão por ser haitiano? Esta é uma pergunta que provavelmente ele se fez. É uma pergunta que ainda faço a mim mesma. Será que foi para a prisão por ser negro? Se fosse branco, cubano, qualquer coisa que não haitiano, teria ido para Krome?

"Idade e saúde são determinantes nessa situação?", pergunta a Checagem da Atividade Discricionária para Candidatos Estrangeiros.

Apesar dos 81 anos do meu tio e de ser um sobrevivente de câncer de garganta, o que era óbvio com sua caixa de voz e traqueostomia, quando respondeu se idade e saúde eram fatores a ser levados em consideração, o agente Reyes marcou "Não".

O candidato é uma figura pública conhecida?

Não.

Interesse congressional ou da mídia?

Não.

O candidato tem uma razão legítima para entrar nos Estados Unidos?

Não.

A razão de entrada do candidato é baseada em emergência?

Não.

Queixa aceitável de falta de informação oficial?

Não.

Existe relação com um empregador ou residente americano?

Sim.

Pretende desrespeitar exigências de entrada?

Não.

Problemas causados pelo candidato durante o processo de inspeção?

Não.

O candidato poderia entrar se tivesse um passaporte válido e/ou visto? (Meu tio tinha ambos.)

Sim.

Há liberação para o candidato através do processo de condicional ou concessão de visto?

Não.

Amanhã

O duro percurso de meu pai continuou. Ele estava se tornando agitado, entrava em pânico às vezes por causa de sua capacidade cada vez menor de falar por longos períodos. Sua ansiedade levou-nos a uma busca renovada. Durante sua consulta mensal com o dr. Padman, Bob perguntou se ele poderia ser considerado para qualquer programa de tratamento experimental e procurou uma indicação com um pneumologista no Presibiteriano de Colúmbia, em Upper Manhattan.

De repente, meu pai tinha lugar e tempo em que basear suas esperanças. Estava tão ansioso com sua consulta que acabava cada uma de nossas conversas breves dizendo: "Veremos o que me dirão em Colúmbia."

Na manhã de sábado, enquanto meu pai lutava para respirar e sonhava com Colúmbia, tive de lhe dizer que seu irmão estava em Krome, um lugar que, como todos os haitianos, ele sabia que queria dizer nada menos que humilhação e sofrimento e, na maioria das vezes, apenas um longo período de detenção antes da deportação.

— Então é verdade — disse. Tio Franck havia telefonado na noite anterior para contar que tio Joseph poderia ir para lá. — Tenho de deixar isso em suas mãos — continuou. — Você está grávida, mas é a única família que ele tem lá. Está nas suas mãos.

Disse-lhe que Fedo e eu já havíamos ligado para alguns advogados de imigração e que eles aconselharam que não havia nada a fazer até a manhã de segunda-feira.

— Você quer dizer — disse meu pai — que seu tio vai ter de passar todo o fim de semana na cadeia?

Quando chegou a Krome, meu tio foi enfileirado com cerca de uma dúzia de outros prisioneiros, e o conteúdo de sua mala foi registrado e confiscado. Um formulário de inventário de propriedade de Krome incluiu: um livro religioso, sua Bíblia, mil dólares americanos — permitiram-lhe ficar com os 9 dólares para comprar cartões de telefone —, uma passagem de avião, um tubo de Fixodent para sua dentadura e duas pilhas de 9 volts, para suas duas caixas de voz. Novamente não foram mencionados os remédios de ervas ou os comprimidos que ele tomava para pressão alta e próstata inflamada.

O exame médico inicial de meu tio incluiu uma verificação ao longo de todo o dia dos seus sinais vitais: raios X do tórax e uma entrevista sobre seu histórico físico e mental. Nas anotações da enfermeira que o examinou, ele é descrito como tranquilo, amistoso e "determinado". À pergunta "O detido entende e reconhece o significado e as implicações da situação em que se encontra?", a enfermeira respondeu "Sim", acrescentando: "O paciente usa um remédio haitiano tradicional para a próstata e diz que, se não o tomar, urina sangue e sente dor." Russ Knocke, um porta-voz da Detenção de Imigração e Alfândega dos Estados Unidos, posteriormente se referiu ao remédio tradicional de meu tio de forma desdenhosa, como "poção tipo vudu".

No fim do seu primeiro dia em Krome, a pressão sanguínea do meu tio estava tão alta que ele foi mandado para a Unidade de Curta Estadia, uma área médica dentro da prisão. Ele e Maxo foram separados.

Eu conhecia Ira Kurzban, autor de *Kurzban's Immigration Law Sourcebook*, um dos manuais de imigração mais usados nos Estados Unidos. Ira representou clientes imigrantes haitianos por mais de trinta anos e trabalhara como conselheiro geral nos governos do Panamá, Nicarágua, Cuba e Haiti, além de ter sido procurador do ex-presidente Aristide. Por recomendação de um amigo em comum, liguei para seu escritório no começo da manhã de segunda-feira e lhe pedi ajuda.

"Vou mandar um dos meus melhores homens para tratar disso", disse ele, depois que expliquei toda a situação. "Devido à idade dele e à condição de saúde, primeiro tentaremos tirar seu tio de lá o mais rápido possível."

Pouco depois de Ira desligar, John Pratt, um homem de voz firme, com um leve sotaque sulista, ligou.

— Estou indo agora para Krome — disse. — Preciso de tudo o que você sabe sobre a situação.

Contei-lhe tudo que sabia. Não conseguira falar com meu tio desde sua chegada, então não pude dar muitos detalhes sobre seu estado de espírito ou sobre como ele poderia suportar um interrogatório, um inquérito sobre suas queixas de perseguição que seria realizado por um agente de asilo de Krome.

— Está disposta a levá-lo, caso seja libertado? — perguntou Pratt.

— Claro — respondi.

— Prepare-se, então, e fique junto ao telefone — ele disse.

Como só restava esperar, meu marido foi trabalhar. Liguei para algumas companhias de ambulâncias do Brooklyn para transportar meu pai para o Presbiteriano de Colúmbia no dia seguinte. Ele estava com tão pouca gordura e tão pouco músculo em seu corpo que era uma agonia se sentar por algum tempo, então, basicamente, eu queria alugar para ele um leito sobre rodas.

"A única forma de conseguir um leito é ligar para a emergência", informou-me um russo de uma empresa de transportes, então agendei uma van com uma cadeira reclinável.

Durante toda a manhã, esperei John Pratt me ligar para dizer que estava saindo de Krome com meu tio, uma notícia que eu adoraria compartilhar com meu pai. Porém, quando ele finalmente ligou, naquela tarde, a única boa notícia era que a audiência estava marcada para as nove horas da manhã seguinte.

— Então ele não vem para casa? — falei. Mal disse isso, a palavra "casa" pareceu imprópria, inadequada. Meu tio não tinha mais uma casa. — Posso visitá-lo? — perguntei.

— Em Krome as visitas só são permitidas no fim de semana — disse ele —, e ele precisa colocá-la numa lista uns dois dias antes, mas há uma boa chance de que o liberem amanhã.

Naquela noite, por volta das seis horas, meu tio me ligou de Krome.

— Bon dye — gritei, contente ao ouvir aquela voz mecâmica. — Meu Deus, como é bom ouvi-lo.

— Oh, não posso dizer como é bom ouvir você — disse ele.

Então, passei a repetir uma fala que vinha usando com meu pai nas últimas semanas, à medida que ele piorava. Chamei-o de *cher*, *amour*, *mon coeur*, querido, meu amor, meu coração.

— Como você está, meu coração?

— M nan prizon — disse. — Estou na prisão.

— Oh, eu sei — falei, agora sentindo falta de sua própria voz, aquela que não parecia soar sempre do mesmo jeito, aquela de que eu não podia mais me lembrar completamente. — Eu sei e estou muito triste. Estou muito triste e aflita pelo que lhe aconteceu tanto no Haiti quanto aqui. Mas você se encontrou com o advogado?

— Sim — disse. — Maxo e eu nos encontramos.

— Ele vai tirá-los daí — afirmei. — É um ótimo advogado. Vai tirá-los daí.

— Tudo bem — ele respondeu. Já tivera tantas surpresas horríveis naqueles últimos dias, por que acreditaria que as coisas iriam melhorar agora? — Nèg nan prizon — disse. — Fò w mache pou wè. — Se você viver o bastante, verá tudo.

— Não se preocupe — disse eu. — Tiraremos vocês daí.

— Tiraram meu remédio. — A máquina produziu um pouco de estática, como se seu dedo tivesse escorregado do botão que ele apertava para transmitir a voz. — Também tinha uma coisa para seu pai, uma vitamina líquida. Tiraram isso também. E meus papéis, meus blocos, foram-se. Queimados.

— Não se preocupe com nada disso — falei. — Concentre-se apenas em sair amanhã.

— Ele sabe? — perguntou. — Mira sabe que estou aqui? Não queria que ele soubesse. Ele está tão doente... Não queria que ele tivesse isso na cabeça.

— Não se preocupe — falei. — Ele sabe que você vai sair amanhã.

— As pessoas no Haiti sabem? — perguntou. Ele se preocupava sobretudo com suas irmãs, Tante Zi e Tante Tina.

— Acho que sabem — respondi.

Agora, até a voz mecânica traiu um vestígio de vergonha, a espécie de vergonha cuja única demonstração é o silêncio.

— Tenho que desligar — disse. — Outros estão esperando.

— Como está se sentindo? — perguntei. — Se não estiver se sentindo bem, diga a eles.

— Direi — ele respondeu. — Preciso ir.

Ouvi uma voz abafada no fundo, alguém pedindo sua vez no telefone pago.

— Você é forte — falei. — Muito forte. Tem mais força até do que você mesmo sabe.

E, hesitando, ele concordou e disse:

— É, sim. É verdade.

— Fique bem esta noite — disse eu. — Amanhã, se Deus quiser, você estará livre.

Aflições

De vez em quando, meu pai citava o livro do Gênesis, parafraseando suas linhas favoritas da história de José, o jovem que foi raptado e vendido para um território inimigo por seus irmãos. Meu tio Joseph ganhou esse nome por causa do homem envolto no arco-íris, mas nunca antes eu tinha ouvido papai procurar os paralelos entre a vida do meu tio e o texto bíblico.

— Seu tio está no seu próprio Egito esta manhã, nesta terra de aflições — disse meu pai, quando falamos um pouco antes das nove da manhã, no dia seguinte.

— Ele vai ficar bem — respondi. — Você deve se concentrar no Presbiteriano de Colúmbia.

Enquanto eu falava com meu pai, meu tio esperava com John Pratt do lado de fora de um trailer da sala da unidade de asilo, em Krome. Inclinando-se para um dos três outros detentos que também esperavam pela audiência, meu tio pediu ao haitiano que falava inglês para contar a Pratt que seu remédio lhe fora tirado. Antes que Pratt pudesse responder, ele e meu tio foram chamados pela agente de asilo Castro, uma mulher que parecia ter uns 40 anos. A entrevista de asilo ia começar.

Meu tio e Pratt sentaram-se numa mesa perto da parede dos fundos, de frente para a agente. Um tradutor juramentado era necessário para o procedimento, e como não havia nenhum no local, foi chamado um serviço de tradução por telefone e o intérprete usou o viva-voz. O fone estava na mesa diante de meu tio, perto dos livros jurídicos, blocos e outros pertences de Pratt.

O intérprete teve problemas para entender a caixa de voz de meu tio, então a agente Castro pediu a meu tio que pusesse a boca mais perto do fone. Quando ele se inclinou para a frente, sua mão escorregou do pescoço e ele derrubou sua caixa de voz.

Os registros indicam que meu tio pareceu ter uma convulsão. Seu corpo enrijeceu. As pernas se mexeram para a frente. A cadeira foi para trás, fazendo a cabeça bater na parede. Ele começou a vomitar.

O vômito saiu da sua boca, do seu nariz, bem como do buraco da traqueostomia em seu pescoço. Espalhou-se por todo o seu rosto, da testa ao queixo, até embaixo, sobre a frente do seu macacão azul fornecido em Krome. Também havia vômito nas suas coxas, onde uma grande mancha úmida mostrava que ele também havia urinado.

"Peçam ajuda!", Pratt pulou da sua cadeira e afastou seus papéis do vômito que se espalhava.

A agente Castro correu em volta da mesa e pegou as mangas do uniforme de meu tio. Ela puxou o corpo dele para a frente, endireitando sua cabeça. Pegando um cesto de lixo que estava perto, colocou-o na frente do meu tio. Ele continuou a vomitar no cesto, enquanto abria e fechava os olhos, que se mexiam sem direção em suas órbitas.

Quando parou de vomitar, o corpo de meu tio ficou rígido e frio, os braços caindo inertes do lado. A agente chamou os guardas que tomavam conta dos outros prisioneiros fora de sua sala e lhes pediu que chamassem a unidade médica. Um guarda pediu ajuda por rádio, mas disse que Krome estava fechada e que levaria algum tempo para o socorro chegar.

A agente Castro pegou o fone em frente ao meu tio para ver se o intérprete ainda estava ali. O fone estava mudo. Perguntou se havia alguém por lá que pudesse falar com meu tio em crioulo. O guarda trouxe o preso haitiano que falava inglês com o qual meu tio havia comentado sobre o remédio. O homem disse algumas palavras a meu tio, mas não houve reação. Pratt pediu à agente que buscasse Maxo. O guarda respondeu que precisava de uma licença especial do seu supervisor para que Maxo viesse. Pediu essa permissão por rádio.

Quinze minutos se passaram desde que meu tio tinha começado a vomitar. Uma enfermeira e um médico finalmente chegaram. Nessa hora, meu tio parecia "quase em coma", lembrou Pratt. "Ele parecia meio inconsciente, e não conseguia se mexer."

Pratt disse ao médico e à enfermeira que, exatamente antes de vomitar, meu tio se queixara de que o tinham deixado sem os remédios. Pratt virou-se para a agente Castro e perguntou se meu tio poderia ter uma condicional humanitária devido à sua idade e condição.

— Acho que ele está fingindo — disse o médico, interrompendo Pratt.

Para comprovar sua opinião, o médico pegou a cabeça do meu tio e a moveu para cima e para baixo. Estava mais rígida do que mole, disse. Além disso, meu tio abria os olhos de vez em quando e parecia estar olhando para ele.

— Não se pode fingir vômito — cortou Pratt. — Este homem está muito doente, e seus remédios não deveriam ter sido tirados dele.

Os remédios realmente haviam sido tirados, respondeu o médico, de acordo com o regulamento do lugar, e seriam substituídos por outros.

O médico e a enfermeira levaram então meu tio para uma cadeira de rodas no corredor.

Quando Maxo chegou, correu para seu pai e, vendo-o afundado na cadeira de rodas e inclinado para o lado, começou a chorar. A não ser por um tremor ocasional dos seus cílios, pareceu a Maxo que o pai estava inconsciente. A primeira coisa que ele quis fazer foi limpar o vômito de seu rosto. Embora seu pai estivesse naquela situação, ele sabia que sob o vômito viscoso e pedaços de comida não digerida o homem muito orgulhoso se sentiria humilhado por sua aparência.

— Ele não estaria assim se não tivessem tirado seus remédios — disse Maxo, soluçando.

— Ele está fingindo — repetiu o médico. — Fica olhando para mim.

O médico virou-se então para Pratt e lhe disse que, baseado em muitos anos de experiência em Krome, poderia ter essa opinião.

— Por favor, deixem-me limpá-lo — soluçou Maxo.

O médico respondeu que ele havia sido chamado apenas para ajudar seu pai a comunicar-se com eles.

— Se não puder ajudar, nós o mandaremos de volta.

— Ele não consegue falar sem sua caixa de voz — disse Maxo. Coberto de vômito, o aparelho não funcionava mais.

Durante essa discussão, pareceu a Maxo que os olhos de seu pai estavam tremendo um pouco mais. Talvez ele pudesse ouvi-los. Talvez estivesse melhorando, escapando do que quer que o tivesse acometido.

— Papai — Maxo pediu —, por favor, tente se mexer. Talvez eles deixem você ir embora.

Meu tio abriu os olhos e encarou Maxo. Levantou as mãos do colo, mas elas caíram, inertes, nos seus joelhos. Pareceu a Maxo que ele estava tentando dizer: *M pa kapab*. Não consigo.

Os olhos de meu tio ficaram abertos, mas pareciam turvos e confusos, postos em algo além de Maxo, dos guardas, do médico, de John Pratt e de todos os outros ao seu redor.

— Ele não está cooperando — disse o médico. Por um instante, Maxo não teve certeza se o médico estava falando dele ou de seu pai. — Seus olhos estão abertos e ele não está inconsciente — acrescentou. — Ainda acho que ele está fingindo, mas o levaremos para a clínica.

Uma maca foi trazida e meu tio foi colocado nela.

Pratt perguntou à agente Castro se poderiam continuar a entrevista na clínica.

Não, disseram-lhe. Era contra as regras.

Eu estava ao telefone com o serviço de transporte médico que levaria meu pai até o hospital Presbiteriano de Colúmbia, quando John Pratt ligou para me contar que meu tio ficara doente. Eu estava esperando boas notícias, até mesmo ótimas notícias. Antes de Pratt parar de falar, eu quis dizer: "Para onde vou? Como vou pegá-lo?"

— Seu tio adoeceu durante a entrevista. — A voz sólida de Pratt tremia. Havia até um toque de horror nela. — Eles vão levá-lo para a clínica em Krome — continuou. — Estou no saguão, esperando para ver se podemos continuar a entrevista daqui a pouco. O sr. Kurzban está ligando para o escritório distrital de Miami, para ver se seu tio pode receber uma condicional humanitária.

Mais tarde naquela manhã, na unidade médica de Krome, o estado de meu tio piorou e, segundo os registros da clínica, ele foi levado ao hospital Jackson Memorial de Miami com grilhões nos pés. Nessa mesma manhã foi a primeira vez em nove semanas que meu pai esteve fora de sua casa. Era um pesado dia de outono em Nova York, e a maioria das folhas já havia caído das árvores. Levado rapidamente pela via expressa Prospect para Manhattan, meu pai sentia cada parada e curva, cada salto e solavanco dolorosos do percurso em seus ossos. Porém, entre ataques de tosse, ele disse à minha mãe e a Bob: "Pelo menos, estou fora."

Estar fora foi tudo o que meu pai conseguiu da consulta. O pneumologista que o atendeu fez com que tirasse a camisa, auscultou sua respiração difícil e perguntou-lhe se tinha um DNR.

— O que é um DNR? — perguntou meu pai a Bob em crioulo.

— É um pedaço de papel que diz que, se você morrer, não quer ser ressuscitado e mantido vivo por máquinas — explicou Bob.

— Não — disse meu pai ao médico. — Não quero ser mantido vivo por máquinas. Já sofri o bastante.

Os registros médicos do meu tio mostram que ele chegou ao pronto-socorro do hospital Jackson Memorial por volta das 13h, com um aplicador intravenoso em funcionamento desde Krome. Foi avaliado por uma enfermeira às 13h10, verificaram o pulso (80), a temperatura (36,1), a pressão sanguínea (169/78). Às 14h, ele assinou, com a mão aparentemente firme, um formulário de consentimento de paciente, declarando: "Eu (ele não escreveu seu nome no espaço em branco) consinto em realizar todos os exames necessários, medicação, tratamentos e outros procedimentos durante o estudo, diagnóstico e tratamento da(s) minha(s) doença(s) pela equipe médica e por outros agentes e/ou funcionários do Departamento de Saúde Pública/hospital Jackson Memorial e da Escola de Medicina da Universidade de Miami, inclusive estudantes de medicina."

Às 15h24 da tarde, foram colhidas amostras de sangue e urina. Seu exame de urina mostrou presença de sangue e um alto nível de glicose. Seu hemograma apresentou uma contagem maior do que a normal de leucócitos, o que sugeria uma possível infecção. O exame também mostrava uma bilirrubina elevada, ou funcionamento anormal da vesícula biliar e do fígado.

Às 16h, durante uma avaliação mais completa feita pela enfermeira, ele se queixou de uma forte dor abdominal, de náusea e perda de apetite. Foi administrado um novo soro intravenoso. Tiraram raios X do tórax e do abdome. Afastou-se a hipótese de pneumonia e obstrução intestinal.

Às 17h, foi transferido para a área do hospital da prisão, Pavilhão D. O registro de sua entrada no Pavilhão D, que também foi preparado por uma enfermeira, afirma: "Nenhum problema agudo, ambulatório. Deve ser hidratado por via intravenosa e reavaliado. Paciente sob estrita observação."

No Pavilhão D, em que eram proibidas as visitas de advogados ou membros da família, e onde os prisioneiros são controlados para evitar fugas, para proteger a equipe, os guardas e os prisioneiros uns dos outros, seus pés provavelmente foram acorrentados mais uma vez, exatamente como, segundo os registros de Krome, haviam estado durante o percurso da ambulância. Recebeu outro soro intravenoso às 22h, horário em que foi anotado pela enfermeira encarregada que ele estava "repousando tranquilamente". Iria continuar sendo observado e acompanhado, acrescentou.

Seus sinais vitais foram novamente examinados à meia-noite, depois à 1h e às 7h do dia seguinte, quando sua temperatura era de 35,5 graus, a pulsação cardíaca estava a perigosos 114 batimentos por minuto e sua pressão sanguínea a 159/80. Às 9h recebeu mais soro e 5 miligramas de Vasotec, para ajudar a abaixar sua pressão. Por volta de 11h, a pulsação cardíaca descera a 102 batimentos por minuto, ainda perigosamente alta para um homem de 81 anos com seus sintomas.

Os registros mostram que ele foi atendido pela primeira vez por um especialista às 13h, exatamente 24 horas depois de ser levado ao pronto-socorro. O médico, dr. Hernandez, anotou os resultados dos seus exames, sobretudo sua alta contagem de leucócitos, seu nível elevado de enzimas do fígado e sua constante dor abdominal. Pediu, então, uma ultrassonografia abdominal, que foi realizada às 16h56. O exame mostrou fluido intra-abdominal em volta do fígado e sedimento, ou bílis espessa, em sua vesícula biliar. Antes do exame, meu tio recebeu outro formulário de consentimento de paciente para assinar. Assinou-o menos compreensivelmente que o primeiro, junto a uma declaração selada do hospital de "PACIENTE INCAPAZ DE ASSINAR".

Às 19h, depois de mais de 24 horas em jejum e de fluidos intravenosos sem açúcar, meu tio suava profusamente e se queixou de fraqueza. Descobriram que ele era hipoglicêmico, com um nível de açúcar no sangue menor do que o normal, de 42 mg/dl. O médico encarregado receitou um soro com 5 por cento de dextrose e, 20 minutos depois, a glicose sanguínea de meu tio estabilizou-se em 121 mg/dl. Foi anotado que ele estava acordado, alerta e com reação mental "adequada".

Às 19h55, seus batimentos cardíacos aumentaram outra vez, agora para 110 por minuto. Foi realizado um eletrocardiograma (ECG) às 20h16. A anotação seguinte na ficha mostra que ele fora encontrado sem pulso e sem reações por um guarda às 20h30. Não há registro detalhado do "código" ou dos 16 minutos entre a hora em que foi encontrado sem reações e a hora em que foi declarado morto, às 20h46. Só um rápido rabisco de que a ressuscitação cardiopulmonar (RCP) e o apoio vital cardíaco avançado (AVCA) "continuaram por 11 minutos".

Além da época em que teve câncer de garganta, meu tio quase morreu em outra ocasião. Foi no verão de 1975, quando eu tinha 6 anos. Ele foi acometido de malária. Febre, tremores, náusea e diarreia levaram-no ao médico, que o hospitalizou.

Eu não o via há muitos dias quando Tante Denise levou Nick, Bob e eu até o hospital para visitá-lo. Quando entramos em seu pequeno quarto particular, ele estava enrolado numa posição fetal e, embora estivesse envolto em vários cobertores, tremia. Seu rosto estava pálido, cinzento, e seus olhos tinham cor de milho.

— As crianças estão aqui — disse-lhe Tante Denise.

Ele parecia não nos ver. Grunhindo, fechou os olhos, como para protegê-los da dor que corria pelo resto do seu corpo. Quando os abriu outra vez, olhou--nos como que imaginando o que fazíamos ali.

— Eu trouxe as crianças — disse novamente Tante Denise. — Você perguntou por elas.

Ele olhou cada um de nós cuidadosamente, depois disse:

— Ti moun, crianças.

— Wi — respondemos, um coro fraco de quem tinha 5 e 6 anos.

Olhando para Nick, meu tio disse:

— Maxo, ficarei triste se morrer sem vê-lo de novo. — Depois, virando-se para Bob, ele disse: — Não é verdade, Mira?

Chamou-me de Ino, nome de sua irmã morta.

— Ino sabe que estou certo — disse. Depois, fechando os olhos outra vez, acrescentou: — Kite zetwal yo tonbe. — Que caiam as estrelas.

Suas palavras provocaram um comprido gemido de Tante Denise, que nos pegou pela mão e nos afastou da cama.

— Ele se foi — choramingou. — Meu marido está morrendo. Ele só está falando com pessoas que não estão aqui.

O fato de meu tio pedir que as estrelas caíssem também não passou despercebido para Tante Denise, que acreditava e nos criara aceitando que, cada vez que uma estrela caía do céu, isso significava que alguém havia morrido.

Eu não estava olhando para o céu quando meu tio morreu no hospital Jackson Memorial, mas talvez, em algum lugar, uma estrela tenha caído por ele.

Pensando, como disseram a Pratt, que meu tio estivesse só sendo examinado e observado, passei o dia esperando por sua alta e liberação. Mas no fim da tarde, tive um pressentimento terrível e comecei a ligar freneticamente para o hospital, até encontrar uma enfermeira do Pavilhão D, o pavilhão do hospital da prisão.

Meu tio estava descansando, disse ela, mas não podia me deixar falar com ele, já que qualquer contato com os prisioneiros, por telefone ou diretamente, tinha de ser acertado com seus carcereiros, no caso do meu tio, através de Krome. Enquanto Pratt pedia às autoridades em Krome para nos deixar fazer uma visita, eu pedia à enfermeira para falar com meu tio. Mas nenhum de nós conseguiu nada, nem mesmo depois de ele ter morrido.

Quando um amigo íntimo de Maxo, com quem ele usara sua única ligação permitida desde Krome, me telefonou para dar a notícia, liguei de novo para o Pavilhão D a fim de perguntar se era verdade que um homem haitiano chamado Joseph Dantica acabara de morrer ali. O homem, que respondeu asperamente, disse-me: "Ligue para Krome." E quando eu telefonei para lá

— achando que teria uma resposta oficial antes de ligar para meus parentes —, outro estranho disse-me que deveria tentar de manhã.

Era então quase meia-noite.

"Não conte agora para sua família", disse meu marido, balançando-me enquanto eu soluçava em seus braços. "Pelo menos deixe que tenham esta boa noite de sono."

Passamos acordados a maior parte da noite, embalando com minha barriga enorme a notícia horrenda que aqueles que mais amavam meu tio ainda não conheciam. Alguns, como meu pai, provavelmente ainda estavam rezando por sua alta e liberação. Outros, como suas irmãs no Haiti, certamente estavam preocupados, receosos talvez, mas nunca esperando esse desenlace especialmente aflitivo.

Aguardando o nascer do dia, arrumamos o quarto em que meu tio deveria ficar, tirando os quadros das paredes e os lençóis da cama em que deveria dormir. Ao mudarmos a cama de um lado para outro do quarto, fiquei preocupada com meu pai. Será que ele sobreviveria ao choque? Colocando cortinas novas nas janelas, depois que meu marido desabou enfim na cama, preocupei-me também com minha filha. Como esse estresse a afetaria — eu dormir tão pouco, levantar e abaixar coisas, pegando-as e deixando-as em armários no meio de uma noite tão dolorosa?

Na manhã seguinte, meu primeiro telefonema foi para Karl, que fez a maioria das ligações comigo. Falamos com tio Franck, que gemeu alto no telefone, depois com minha mãe, que, como sempre, se mostrou mais tranquila.

Era melhor, disse, que ela, Bob e Karl contassem a meu pai diretamente.

Meu pai estava na cama, enfraquecido, mas tranquilo, após outra noite sem dormir, quando lhe disseram. Por um momento, ficou absolutamente quieto, depois mexeu a cabeça para trás, olhou para o teto e então outra vez para minha mãe e seus irmãos. Não disse nada. Talvez estivesse entorpecido pelo choque. Não pareceu surpreso, disse minha mãe. Era como se ele já soubesse.

Irmão, verei você em breve

Embora tivéssemos concentrado a maior parte dos nossos esforços em conseguir que meu tio fosse libertado, antes de levarmos adiante o caso de Maxo, que esperávamos ser muito mais desafiador, ele foi libertado de Krome para enterrar seu pai. Quando ligou para alguns dos amigos de meu tio em Porto Príncipe para fazer os preparativos do enterro, disseram-lhe que não levasse o corpo de volta para o Haiti. Notícias da prisão e da morte de meu tio já se haviam espalhado em Bel Air e as gangues haviam comemorado, enquanto juravam fazer a meu tio morto o que não conseguiram em vida: decapitá-lo.

"Não o querem de volta ao Haiti", gritou Man Jou ao telefone. "Nem vivo nem morto."

Ao mesmo tempo, Maxo hesitava em enterrar o pai nos Estados Unidos, onde no fim ele fora tão brutalmente rejeitado. Também se sentia obrigado pelo desejo de seu pai de ter os restos no mausoléu da família, junto a Tante Denise.

Para mim, a cremação era a escolha óbvia.

"Quando as coisas estiverem mais calmas", disse a Maxo, "nós todos poderemos voltar e enterrar suas cinzas no solo dele, com Tante Denise".

As crenças religiosas do meu tio não permitiriam, disse Maxo.

"No dia do Juízo Final", completou, "quando os mortos se levantarão de seus túmulos, nós queremos seu corpo lá."

No dia do Juízo Final meu tio irá se importar de onde se levantará?

A lembrança mais terrível de infância de tio Joseph e a única que ele sempre evitou me descrever em detalhes foi a do ano de 1933, quando ele tinha

10 anos de idade. A ocupação americana do Haiti estava chegando aos seus últimos dias. Receando afinal ser capturado pelos americanos para trabalhar nos campos de trabalho forçado formados para construir pontes e estradas, meu avô, Granpè Nozial, ordenou que ele nunca descesse a montanha, fora de Beauséjour. Tio Joseph não deveria nem acompanhar sua mãe, Granmè Lorvana, ao mercado, para que nunca pusesse os olhos nos fuzileiros da ocupação e vice-versa.

Quando deixou sua casa para lutar, Granpè Nozial nunca disse a meu tio e a suas irmãs, Tante Ino e Tante Tina, para onde estava indo. (Os outros irmãos, inclusive meu pai, ainda não haviam nascido.) Porém, Granmè Lorvana contou-lhes que seu pai estava lutando em algum lugar, em outra parte do país. Também lhes disse que os americanos tinham o poder de se transformar no lendário cavalo de três pernas Galipòt, que, ao trotar nas suas três patas, fazia o mesmo som dos soldados que marchavam com suas botas. Galipòt também era conhecido por enganar crianças com sua quarta pata, persegui-las e levá-las embora.

Porém, meu tio e suas irmãs nunca deixaram que soubessem qualquer coisa sobre o paradeiro de seu pai. Se um adulto perguntasse onde estava Granpè Nozial, eles certamente diriam que ele morrera, espantando a pessoa que fizera a pergunta e a mandando diretamente a Granmè Lorvana, para indagar a ela. Mas quando Granpè Nozial voltava de suas viagens, não lhe faziam qualquer pergunta. Em vez disso, agiam como se ele nunca houvesse partido, como se estivesse o tempo todo com eles. Por isso é que sabiam tão pouco das atividades de Granpè Nozial durante a ocupação americana. Por isso é que sei tão pouco hoje.

Certo dia, enquanto Granpè Nozial estava fora e Tante Ino e Tante Tina adoeceram, Granmè Lorvana não teve escolha a não ser mandar meu tio ao mercado, montanha abaixo. Enquanto atendia ao pedido, seguindo a estrada que sua mãe indicara, o que ele mais temia era encontrar Granpè Nozial, que o ameaçaria com toda espécie de castigos corporais se o achasse na estrada saindo de Beauséjour.

Quando meu tio finalmente chegou ao mercado, lá pelo meio-dia, após horas e horas de caminhada, viu um grupo de jovens brancos com botas altas escuras e roupas cáqui na entrada de cerca de bambu. Havia talvez uns seis ou sete deles, e pareciam estar chutando alguma coisa no chão. Meu tio nunca tinha visto homens brancos antes, e suas peles rosadas e pálidas deram alguma vida à ideia de sua mãe de que gente branca tinha *po lanvè*, peles viradas do avesso, então, se não estivessem usando roupas pesadas, você sempre poderia ver o avesso deles.

Quando meu tio se aproximou do pequeno círculo de homens e da multidão maior de vendedores e lojistas que olhava apertando a cabeça, em choque, os homens brancos pareceram-lhe muito agitados. Estavam rindo? Gritando em outra língua? Estavam chutando a coisa no chão como se fosse uma bola de futebol, jogando-a de um lado para outro, com os bicos redondos de suas botas. Dando uns passinhos cuidadosos para ficar à mesma distância dos outros populares, meu tio viu finalmente o que era: uma cabeça humana.

A cabeça estava cheia de cabelos grisalhos que já tinham sido escuros. Pingava sangue do pescoço cortado, formando bolhas vermelho-escuras empoeiradas. De repente, meu tio percebeu por que Granpè Nozial e Granmè Lorvana queriam que ele ficasse em casa. Naquela época, como agora, o mundo fora de Beauséjour era realmente traiçoeiro.

Tio Franck chegou de Nova York no dia seguinte para ajudar nos preparativos do enterro.

"Mira e eu achamos que ele deve ser enterrado em Nova York", disse.

Estávamos indo de carro a uma agência funerária em North Miami, para onde o corpo de meu tio foi transferido depois de uma autópsia no consultório do médico-legista. Este determinou que ele havia morrido de pancreatite aguda e crônica, o que significa que nunca mostrara quaisquer sintomas antes de ficar doente, em Krome, e que nunca fora examinado, testado, diagnosticado ou tratado com relação a isso enquanto esteve no hospital Jackson Memorial.

A vantagem de um enterro em Nova York, explicou tio Franck no caminho para a funerária de Miami, era que meu pai poderia comparecer. Além disso, após visitas por mais de trinta anos, meu tio tinha uma porção de amigos no Brooklyn. Era o melhor depois de Porto Príncipe.

Quando chegamos à agência funerária, Maxo pediu para ver o corpo de seu pai. O gerente hesitou em deixar, mas Maxo insistiu.

— Preciso vê-lo — disse. — Preciso mesmo vê-lo.

— Uma porção de gente acha que quer ver um corpo — disse o gerente —, mas depois não aguenta, principalmente logo depois de uma autópsia.

— Não me interessa — disse Maxo, parecendo um menininho implorando por um favor de um adulto. — Quero vê-lo.

— Muito bem, então. — O gerente desistiu. Era um homem alto, esbelto, cor de caramelo, usando uma camisa de tom pastel e uma gravata. Seu paletó estava no encosto da sua cadeira giratória e ele o pegava e vestia cada vez que se levantava, depois o tirava quando se sentava de novo. — Vou deixar que o vejam — disse, pegando seu paletó —, mas não podemos levar vocês à sala em que estão os outros mortos. Devemos respeitá-los. Também precisamos pedir-lhes que falem baixo e não digam palavrões. Aqui tratamos os mortos com respeito, como se ainda estivessem vivos.

Ele deveria ter estado no aeroporto com meu tio, pensei, ou em Krome, quando o médico torceu seu pescoço e mexeu sua cabeça para cima e para baixo, ou no Jackson, onde, talvez por ser um prisioneiro — um prisioneiro estrangeiro, um haitiano ainda por cima —, ele recebeu o que a maioria dos médicos, aos quais eu e os outros mostramos sua ficha, concorda que foram cuidados deploráveis, devido à sua idade e a seus sintomas.

— Você não deveria ir — disse o gerente, apontando para minha barriga. — Você tem uma vida aí. Não tem a ver com os mortos.

— Mas ao enterro eu vou — falei.

O que eu queria dizer na verdade era que o morto e a nova vida já estavam ligados, através do meu sangue, através de mim. Porém, concordei em não ver o corpo por ora. Além disso, o momento de ver meu tio teria sido horas, dias, semanas antes, quando isso faria diferença, quando poderíamos nos confortar.

O corpo foi trazido em um carrinho para uma sala junto à do gerente. Maxo e tio Franck seguiram-no até a sala, deixando a porta meio aberta. Lutando contra a vontade de dar uma olhada lá dentro, de ver meu tio mais uma vez, sentei-me de costas para a porta. Pensei em Granmè Melina indo embora tranquilamente no seu sono no quarto em frente ao meu, quando eu era apenas uma criança, em Tante Denise jazendo nua em uma mesa de metal no necrotério na rue de l'Enterrement, e me maravilhei com a relativa facilidade dessas situações. Certamente não havia nada a temer. Das muitas formas como a morte pode transformar o amor experimentado pelos vivos, uma delas não deve ser o medo.

Eu deveria olhar imediatamente para meu tio. Como não faria isso? Virando-me, posicionei-me para vê-lo. Ele estava coberto das pernas até os quadris com o que parecia uma lona azul. Seu rosto não barbeado tinha uma fina camada de creme branco, o que o gerente explicou que deveria impedir a pele de enrijecer. Havia marcas quadradas com vestígios de cola espalhadas em seu peito, provavelmente dos adesivos do eletrocardiograma. Depois da autópsia, fora usada uma linha cinzenta grossa para costurar a frente do seu corpo, do pescoço até onde acabava a lona azul. Seu buraco de traqueostomia estava fechado. Sua cabeça também estava costurada no meio, de orelha a orelha, mas com uma linha mais fina, quase transparente.

Meu tio não parecia resignado e sereno como a maioria dos mortos que eu vira. Talvez fosse porque seus lábios estavam inchados, o dobro do seu tamanho habitual. Parecia que ele havia levado um soco. Também parecia ansioso e chocado, como se estivesse tendo um terrível pesadelo.

Pensei sobre até quando ele esteve consciente. Quais foram seus últimos pensamentos? Quando ele percebeu que estava morrendo? Teve medo? Será que achou irônico o fato de logo ser o prisioneiro morto do mesmo governo que ocupara seu país quando nascera? Em síntese, ele entrou e saiu do mundo sob a mesma bandeira. Nunca realmente soberano, como seu pai sonhara, nunca realmente livre. O que ele acharia de ser enterrado em Nova York? Será que deveria para sempre, proverbialmente, se revirar na cova?

Meu tio parecia ainda menos consigo mesmo no seu enterro em Nova York. Vestido com um smoking novo em folha, tinha tanta maquiagem cor de berinjela no rosto que era como se usasse uma máscara que não lhe servia. Mas foi meu pai que inspirou exclamações quando entrou na igreja que frequentava há mais de trinta anos. Arrastando seu tanque de oxigênio atrás de si, estava arquejando ao caminhar até o caixão de meu tio. Estava esquelético, uma figura frágil. Não conseguia mais comparecer aos cultos e a maioria dos seus amigos, aqueles que não o visitaram em casa, não testemunharam sua deterioração gradativa.

De pé diante do caixão de meu tio, meu pai levou o tubo de oxigênio até o nariz. Estava oscilante, suando. Meus três irmãos cercavam-no, formando um semicírculo ao seu redor, prontos para ampará-lo de qualquer lado, caso ele caísse.

Dando um tapinha na bochecha do meu tio, como para acordá-lo de um desmaio, meu pai disse apenas: "Irmão, na última vez que nos falamos, você disse que estava me deixando com o coração pesado. Desta vez, sou eu quem o está deixando com um coração pesado. Talvez não nos encontremos outra vez nesta Terra, mas eu o verei logo."

Meu tio foi enterrado em um cemitério no Queens, em Nova York. Seu túmulo fica ao lado de um caminho aberto, dando para as ruas de Cyprus Hills e para os trilhos do metrô acima delas. Durante sua vida, ele se agarrou à sua casa, decidido a não sair dali. Ele ficou em Bel Air, em parte porque era o que conhecia. Mas também esperava fazer algum bem ali. Agora, seria exilado definitivamente na morte. Iria se tornar parte do solo de um país que não o quis. Isso assombrava meu pai mais do que qualquer outra coisa.

“Ele não deveria estar aqui”, meu pai disse, entre lágrimas, agitado e sem fôlego, pouco antes de cair no sono naquela noite. “Se nosso país algum dia tivesse uma chance e permitissem que fosse uma nação como qualquer outra, nenhum de nós viveria ou morreria aqui.”

Transição

Há uma etapa no parto chamada transição, que é quando o bebê, preparando-se para se separar da mãe, se mexe e vira para passar através do canal do nascimento. Tenho certeza de que há uma etapa semelhante para sair da vida, embora possa ser menos definitiva. Porém, quando entrei em trabalho de parto, felizmente com uma placenta levantada, desejei uma transição fácil para minha filha e para mim; e também desejei o mesmo para meu pai.

Nossa parteira, Colleen, estimulou-me a acrescentar alguns toques pessoais na sala de parto cor de lavanda, na maternidade, então eu levei duas velhas fotos da minha mãe e do meu pai. Ele aparece bonito e sério, aos 26 anos. Veste um paletó pálido, uma camisa de colarinho alto, uma gravata fina como um lápis e óculos de aro de tartaruga. Já minha mãe aparece usando uma blusa xadrez com um botão enorme na frente. Seu cabelo está preso, e seu rosto redondo, emoldurado por brincos pequenos, pingentes em forma de estrela. Quando Colleen vê a foto de minha mãe, acha que sou eu.

Olhei intermitentemente para o rosto sépia de meus pais durante as 16 horas que andei, deitei, sentei-me numa banheira, enrolada, no vaso sanitário, em agonia constante. Pensei como minha mãe pôde ter feito aquilo quatro vezes.

Certa vez, minha mãe contou-me brevemente a história do meu nascimento. Quase nasci num pátio pedregoso, fora da maternidade do hospital geral de Porto Príncipe. Meu pai estava trabalhando fora da cidade e minha mãe, altivamente independente, orgulhosa e sozinha, era uma das cerca de 12 mulheres que se contorciam e gritavam de dor no pátio. Havia muitas delas e poucos médicos. Nenhum deles sequer as examinava até seus bebês estarem nascendo.

Durante suas quatro horas de trabalho de parto ativo, minha mãe tentou com muito esforço não desejar a morte. Ela vacilou entre a consciência e a inconsciência até que um médico finalmente apareceu e a mandou rapidamente para a sala de parto.

Quando minha filha nasceu, com seu rosto manchado de sangue, seus cílios inchados com manchas mínimas rosa-claras, que Colleen, a parteira, chamou de beijos de anjo, seu corpo enrolado em si mesmo como para ecoar a firmeza dos seus punhos minúsculos, vi isso como uma das muitas separações que viriam. Ela estava deixando meu corpo e entrando no mundo, onde passaria o resto da vida afastando-se de mim.

Tonta e exausta, perguntei a Colleen:

— É normal que eu esteja pensando isso?

— Talvez você seja uma dessas mulheres que gostam de estar grávidas — disse ela.

Não que eu gostasse tanto de estar grávida. Eu apenas apreciava o fato de que, por algum tempo, minha filha e eu tínhamos sido inseparáveis.

Olhando para seu rosto minúsculo, seus lábios arqueados, tão vermelhos que seu pai disse que ela parecia estar usando batom, lembrei-me de uma mensagem que uma amiga me mandou quando nasceram meus primeiros sobrinhos, a filha de Bob, Nadira, e o filho de Karl, Ezekiel.

"Que você seja uma *repozwa*", ela escreveu, "um lugar onde as crianças possam descansar".

Eu mesma precisava descansar, mas também queria conversar com minha filha, embalá-la, cantar para ela, sentir seu cheiro, que era uma mistura de sangue e sabonete, observar como ela abria os olhos só um pouquinho e apertar sua boca enquanto ela tentava entender todos os novos sons à sua volta: o riso do meu marido, as comparações da minha sogra com parentes vivos e mortos.

Achei que ela se parecia mais com minha mãe e apontei para a foto para provar. Mas também via traços do meu pai, que minha mãe disse que tinha medo tanto de me segurar quanto aos meus irmãos quando éramos bebês, mas que mais tarde segurou os filhos de meus irmãos, riu e cantou para eles. Lamentei por tio Joseph e Tante Denise, que nunca iriam segurar minha filha, e por meus primos haitianos, incluindo Richard, o filho de Tante Zi, que provavelmente nunca vai conhecê-la. Ou talvez ela volte um dia a Léogâne ou Bel Air, para declarar, com palavras cheias de sotaque, que eles são sua família.

Ela poderá ser honrada por seus gestos de reconhecimento, pelo jeito como serão forçados a consentir. "Claro, claro, vejo a semelhança. Você realmente se parece com suas bisavós aí nas bochechas. Você tem mesmo a testa alta da gente de seu avô." E tomara que essas bochechas e a testa em forma de cabaça sejam sua aceitação.

Olhando nos olhos de minha filha, pensei em minha mãe, que enfrentou essas primeiras horas sozinha, quando nasci. Ela não recebeu promessas, não teve garantias de que ela ou eu viveríamos depois daquela noite. Se algo houvesse se rompido dentro dela, ninguém teria percebido. Se algo tivesse se quebrado dentro de mim, recém-nascida, talvez ninguém, a não ser minha mãe, tivesse se importado. A primeira noite da minha filha, tranquila mas monitorada, talvez fosse a que minha mãe tinha sonhado para mim, para ela, um sonho de palavras gentis, beijos, flores.

— Que nome decidiu dar a ela? — perguntou Colleen.

Meu marido e eu havíamos falado disso. Parecia não haver outra escolha possível.

— Mira — falei. — Como meu pai.

Depois de esperar pacientemente por sua vez de carregá-la, meu marido retirou sua mão. Eu também estava hesitante em deixar essa Mira ir. Torci para ter uma vida ininterrupta com ela, uma vida para plantar algumas coisas que haviam sido arrancadas de mim e retirar outras que tinham sido plantadas. Mas a entreguei, com uma vontade urgente de também a levar para meu pai.

"Veja, papai", eu diria, "você esperou por ela. Você viveu o bastante para vê-la. Hoje não é apenas o dia dela, mas de todos nós. E não somos os únicos que a embalarão e protegerão. Ela também nos carregará e confortará. Ela também será nosso *repozwa*, nosso lugar sagrado de repouso."

Eu não disse isso quando realmente levamos minha filha para se encontrar com meu pai, três semanas depois, cinco meses após a morte do meu tio. De pé, à sua cabeceira, fiquei espantada ao ver como ele parecia imóvel, como ele parecia ter envelhecido. O quarto também estava despido de qualquer indício de vida. A cama *queen size*, com cercadura de carvalho, fora substituída por um estreito leito hospitalar que permitia que ele se levantasse com o toque de um botão.

Meu marido abaixou o estrado da cama e passou nossa filha para os braços magros do meu pai. Pensei que, com mais de 3,5 quilos, ela poderia ser pesada demais para ele, mas ele levantou o rosto dela para perto do seu e deu-lhe um beijo na testa. Os olhos dela estavam fechados. Estava dormindo.

"Você sabe o quanto esperei para conhecer você?", ele disse. "E você nem está acordada."

Um sorriso formou-se nos lábios do meu pai, o que acabou sendo muito esforço. Ele devolveu Mira para meu marido e começou a tossir.

Depois de meu marido voltar para Miami, durante o mês em que Mira e eu passamos com meu pai, cada vez que ele a pegava, seu sorriso ameaçava dissolver-se num ataque de tosse e, após poucos minutos, eu tinha de pegá-la de volta. Até que, certa manhã, ele saiu sozinho da cama e foi até a cadeira reclinável junto à janela.

"Deixe-me carregá-la", pediu, "enquanto você tira uma foto para a posteridade".

Corri até meu antigo quarto e peguei minha máquina fotográfica. Eu hesitara em fotografar Mira e meu pai durante os breves instantes em que ele a carregava. Queria que ele aproveitasse esses momentos o melhor possível, sem se preocupar em posar. Além disso, à medida que ficava mais doente e mais magro, ele nos pedia para não o fotografar. Ele queria ser lembrado, disse, da maneira que era quando estava são.

"Olhe para nós, os dois Miras", disse ele, olhando para a câmera. Na primeira foto, os olhos de minha filha estão semiabertos, como se ela estivesse lutando para ficar acordada.

"Fiquei realmente emocionado por tê-la chamado de Mira", falou, e tirei outra foto. "Agora, mesmo que eu vá embora — e todos nós podemos dizer isso, mesmo aqueles que não estão doentes —, mesmo quando eu for embora, o nome permanecerá."

Minha filha agora estava dormindo mesmo. Na foto seguinte, meu pai olhou para ela e sorriu, um sorriso que, milagrosamente, não provocou sua tosse.

Mais tarde, nessa semana, festejamos o 40º aniversário de casamento dos meus pais; meus irmãos e eu, nossos cônjuges e uns poucos amigos íntimos nos reunimos em torno da cama dele e brindamos a ele e à minha mãe.

Ele estava fraco demais para levar um copo de cidra até a boca. Suando muito, tentou dizer alguma coisa, mas não conseguiu. Minha mãe rapidamente nos pediu que saíssemos do quarto — que ficara quente demais — para deixá-lo respirar um pouco.

Logo depois que saímos, uma amiga dele, da igreja, disse-me: "Por que não o deixam ir? Diga-lhe que é bom ir."

Eu respondi que não poderia, porque não queria que ele se fosse. Não queria que ele morresse.

Durante o dia, meu pai mal comia. À noite, não conseguia dormir. Sempre que tomava um sonífero e dormia algumas horas, falava alto, incompreensivelmente, rápido e entrecortado. Havia pessoas, mortas há muito tempo, ao lado de sua cama, explicava na manhã seguinte. Sua mãe com um vestido vermelho. Seu pai cantando. Sua irmã rindo. Eles o mantinham acordado.

"Fiquem mais um pouco comigo", pedia a mim e à minha mãe, depois de fazer suas orações noturnas. Meia hora mais tarde, nos despedia dizendo: "Acho que vocês precisam ir. Não podem ficar aqui a noite toda."

Saíamos com relutância, deixando nossas portas abertas para podermos ouvir facilmente o menor som. Ele ficava com calor, depois com frio, no meio da noite, e nos chamava para abrir ou fechar as janelas.

Karl e Bob vinham e davam banho nele, esfregavam loções medicinais sobre as manchas que descamavam na sua pele, causadas pela psoríase, algumas tão abertas como feridas expostas. Cortavam seu cabelo, suas unhas dos pés e das mãos, curvadas, sem oxigênio. Eu ainda via seus jogos e filmes com ele, e, quando ele podia, discutia as notícias do Haiti e de outros lugares.

Certa tarde, enquanto minha filha estava dormindo, eu estava sentada com ele, e minha mãe estava no andar de baixo, na cozinha. Ele me disse para pedir a ela para cozinhar um pouco de arroz branco para o jantar. Bem no início da doença, ele decidira que grãos de arroz faziam sua tosse piorar, então subitamente parou de comê-los.

Feliz por vê-lo realmente querer comer algo, dei a notícia a minha mãe, que estava cozinhando.

"Adivinhe", falei. "Papai quer arroz."

Minha mãe mandou-me de volta para perguntar exatamente como ele queria que fizesse o seu arroz. Ela poderia cozinhá-lo em caldo de galinha, misturá-lo com feijões pretos ou mulatos, com cogumelos, polvilhá-lo com castanha de caju picada? Ele se importaria se ela colocasse manteiga ou margarina, para aumentar o número de calorias e o gosto, se o cozinhasse com pedaços de linguiça ou bacon para ter a proteína tão necessária? Talvez ele quisesse algumas verduras frescas também, por causa das fibras.

Ele disse que só queria uma tigelinha do mais puro arroz branco que ela pudesse fazer. Até deu uma receita por escrito: "Xícara de arroz, água, pitada de sal, colher de óleo vegetal para não grudar na panela. Cozinhe tudo."

Meu pai sempre foi exigente para comer. Porém, só aprendeu a cozinhar durante seus primeiros anos nos Estados Unidos, quando minha mãe ainda estava no Haiti. Quando ela se juntou a ele, dois anos mais tarde, a primeira coisa que ele fez foi cozinhar para ela.

A primeira refeição de minha mãe no Brooklyn foi quase igual à de Bob e a minha. Consistia de frango assado, tanchagens doces fritas, que minha mãe adora, e *diri ak pwa*, arroz e feijão. Por algum tempo, cada vez que alguém do Haiti ia nos visitar, meu pai ajudava a fazer essa mesma refeição, exatamente como fez para nós, um banquete de boas-vindas, como a chamava, porque queria que suas visitas comessem algo que havia nutrido sua transição para a vida de imigrante. E, mesmo que a estadia dessas pessoas não fosse ser tão longa quanto a sua, ele esperava que elas sentissem, como ele, que alguém poderia facilmente voltar para casa simplesmente levando um garfo até a boca.

Fiquei observando minha mãe preparar o arroz do meu pai. Quando ela despejou o conteúdo de uma xícara de medida transbordante em uma panela com água fervente, alguns grãos caíram pelo lado, ficando pretos na chama azul do queimador. Suas mãos tremiam quando ela abaixou a tampa para conservar algum vapor, a fim de que o arroz não ficasse grudento. Meu pai gostava do arroz leve e fofo, bem solto. Se pudesse escolher, ele preferia comer al dente a empapado. Como fazia tempo ele que não comia, a possibilidade de desagradá-lo era um peso para minha mãe.

Quando o arroz ficou pronto, minha mãe procurou em um armário cheio com seus pratos de ocasiões especiais, do tipo que só usava quando tinha visitas, e pegou um prato de porcelana branco com duas enormes cerejas desenhadas no meio. As cerejas se expandiam de uma forma que as fazia parecerem um grande coração e, quando minha mãe colocou a comida em cima delas, ficaram parecendo uma mensagem em código de uma mulher que estava além de ter momentos comuns garantidos com seu marido.

Levei o arroz para meu pai na travessa amarela em que eram servidas todas as suas refeições. Minha mãe acrescentou um copo alto de água gelada, que ele pediu na última hora. Quando entrei no quarto, seu rosto estava levantado, com os olhos brilhando de expectativa. Estava sentado na cadeira reclinável, com os olhos grudados no prato. Inclinei-me para colocar a travessa na sua frente. Ele estava debaixo de quatro camadas de cobertores, que faziam o trabalho que músculos e gordura haviam feito antes para seu corpo. O que parecia temperatura ambiente para outra pessoa, para meu pai parecia glacial.

A inclinação para a frente do meu corpo fez o copo d'água cair na travessa, espalhando o líquido no colo dele. A água empapou os cobertores até seu pijama, vazando para o assento de esponja sob ele.

Meu pai soltou um grito. Eu rapidamente puxei a travessa para o lado, colocando-a sobre a cômoda atrás da televisão. Mesmo quando ele gemia e tentava se livrar das cobertas molhadas, os olhos de meu pai se fixavam no prato de arroz, que agora estava esfriando, a apenas alguns centímetros de distância.

Minha mãe ouviu os gritos de meu pai lá embaixo e correu para ajudá-lo. Retirou depressa os cobertores, enquanto gritava para que eu pegasse uma toalha e um pijama seco no armário.

Os lamentos doloridos do meu pai logo passaram de gemidos a gritos.

"Ai, meu Deus!", gritava em meio a lágrimas. "Ai, meu Deus!"

Uma hora mais tarde, ele ainda estava tremendo, sob não menos que três cobertores secos empilhados.

— Parece — disse ele — que eu estava dormindo há dias numa cama de gelo.

Para estabilizá-lo foram necessários um pouco de oxigênio e um nebulizador. A essa altura o arroz estava frio e meu pai não demonstrava nenhum apetite por ele.

— Desculpe, papai — falei, tremendo na sua cabeceira. Tive visões horríveis dele congelando até a morte, como resultado do meu descuido.

— Foi um acidente. — Levantou a mão ossuda sob os cobertores para pegar a minha. — Sei que você não fez por querer.

— Desculpe ter estragado seu arroz — falei. — Sei como você estava com vontade.

Ele hesitou, depois apertou mais a minha mão.

— Eu não o queria tanto quanto *desejei* querê-lo — disse. — A verdade é que não estou mais com fome ou sede. Eu gostaria de estar.

Sofri muito mais ao ouvir isso do que quando o ouvira dizer, algumas semanas antes, que sonhara com Granpè Nozial, Granmè Lorvana e Tante Ino, seu pai, sua mãe e sua irmã, que tinham morrido há muito tempo, de pé na sua cabeceira. Angustiou-me muito mais do que a maneira como ele começava cada frase com *Lè m ale*. Quando eu me for.

Sentada ao seu lado naquela tarde, lembrei que tinha me zangado com ele por dois Dias de Ação de Graças, quando ele se sentou à mesa de jantar e deixou seu prato intocado.

"Não há nada aqui que eu queira comer", declarou.

Depois de cozinhar por dois dias, minha mãe ficou arrasada pelo que considerou uma condenação evidente de sua culinária. Mas o que não sabíamos então, e que meu próprio pai desconhecia naquela época, era que ele já tinha uma doença que estava devorando lentamente o seu corpo, inclusive seu prazer de comer e sua confiança nisso para seu sustento.

Pudemos sentir o cheiro antes de ver. Uma nova porção de arroz branco preparada por minha mãe. Desta vez, ela a levou não na bandeja da cama, mas numa travessa prateada redonda do armário especial. Meu pai levantou-se na cama para recebê-la, e assim que minha mãe lhe estendeu a colher, porque ele sempre comia arroz com a colher, ele mergulhou-a imediatamente nele.

Ele mal mastigava, simplesmente levando os grãos de bochecha a bochecha, então engolindo depressa. Se eu não soubesse, teria imaginado que estava faminto, voraz, até mesmo insaciável. E talvez estivesse. Ou talvez estivesse tentando se nutrir desesperadamente com alguma coisa reconhecível e familiar.

Quando já tinha comido metade, meu pai estendeu-me o prato.

— Quer um pouco? — perguntou.

— Tem mais na cozinha — disse minha mãe. — Ela pode pegar depois. Este é para você.

— Deixe-a comer um pouco — insistiu.

Inclinei-me e peguei o prato. Usando a colher dele, enfiei um morrinho de arroz na boca. Estava puro, mas gostoso. Desconfio que minha mãe tenha colocado um pouco de caldo ou margarina, até mesmo umas gotas de leite de coco.

Notei naquela tarde que, há quase um ano, enquanto minha mãe, meus irmãos e eu sempre levávamos comida para meu pai, raramente comíamos *com* ele. De algum modo não me ocorreu que ele sentia falta de compartilhar uma mesa ou um prato, de passar um tempero ou uma colher. Mas ele sentia. Exatamente como sentia falta de ver certos rostos e lugares e de ouvir certas vozes que nem seus amigos, nem a família, nem a televisão poderiam transportar com sucesso para seu quarto.

Voltei a Miami com minha filha na manhã seguinte. Três dias depois, Bob me ligou, antes de amanhecer. Pelo horário, soube que não era boa notícia.

— Ele se foi, não é? — perguntei.

— Ele se foi — respondeu.

Agora acho que meu pai esperou que eu fosse embora para partir. Que ele não queria que eu carregasse Mira com um braço e seu cadáver com o outro.

Na noite em que meu pai morreu, minha mãe ouviu o mesmo tipo de voz rápida e entrecortada vindo de seu quarto, ao qual ela acabara por se acostumar. No meio disso, de alguma maneira ele conseguiu gritar o nome dela. Ela correu para lá e viu que ele estava suando e com falta de ar. Cuidou para que o tubo de oxigênio estivesse colocado adequadamente no seu nariz e tentou passar um tubo do nebulizador entre seus lábios.

M pa kapab, ele lhe disse. Não consigo.

Seus olhos rolaram para trás na cabeça, que descaiu, inerte, contra o travesseiro.

Minha mãe chamou Bob, que apareceu e, depois de chamar meu pai algumas vezes ("Papai!") e depois de colocar a máscara do nebulizador sobre seu nariz e sua boca, não sentiu nenhuma reação e ligou para a emergência.

Quando os paramédicos chegaram, perguntaram a Bob se meu pai tinha um DNR. Bob disse que não. Uma medida evidente de nossa incapacidade de o deixarmos ir foi não o termos encorajado a fazer um, mesmo depois de o médico do hospital Presbiteriano de Colúmbia sugerir.

Os paramédicos tiraram as roupas de meu pai, deitaram-no nu, no chão de madeira do seu quarto, e bateram no seu peito por uma hora. Mesmo que tivessem conseguido ressuscitá-lo, talvez ele tivesse ficado com algumas costelas quebradas.

Nem Bob nem minha mãe conseguiram ficar e assistir, então, enquanto os paramédicos trabalhavam no meu pai, eles desceram e foram interrogados por um policial.

O policial, a figura distante da autoridade externa, era uma presença curiosa. Perguntei à minha mãe e a meu irmão se era uma prática-padrão de todas as mortes americanas, mesmo as anunciadas, como a de meu pai.

Era, explicou o policial, uma medida para garantir que não havia infração, nenhuma eutanásia envolvida.

O policial perguntou à minha mãe e a meu irmão há quanto tempo meu pai estava doente. Que remédios ele tomava?

Quando estive em casa com meu pai, apenas alguns dias antes, deitada com minha filha na mesma cama em que dormia quando adolescente, havia noites em que ficava acordada imaginando o que faria se acordasse na manhã seguinte e achasse meu pai morto. Durante essas noites, pensando no pedido de sua amiga para o deixarmos partir, eu fazia um ensaio mental de várias possibilidades.

Quando parecesse irreversível e absolutamente definitivo que meu pai estivesse morrendo, eu finalmente lhe diria para ir.

Não tenha medo, eu diria. Está tudo bem. Nós o amamos. Sempre lembraremos o senhor. Então, nomeando cada um de nós, eu lhe diria que ficaríamos bem e ele também. Mamãe ficará bem, eu diria. Kelly ficará bem. Karl ficará bem. O filho de Karl, Ezekiel, ficará bem. Sua filha, Zora, ficará bem. Bob ficará bem. E sua filha, Nadira, ficará bem. Eu ficarei bem e Mira ficará bem. Então eu me inclinaria e lhe daria um beijo de adeus.

Não sei se conseguiria fazer isso. Talvez o desejo de vê-lo voltar, de tê-lo de volta, mesmo por um dia a mais, continuasse a ser forte demais.

Granmè Melina certa vez contou uma história sobre uma filha cujo pai morrera. A filha amava tanto seu pai que seu coração se partira em cem pedaços. Quando chegou a hora de planejar o alegre velório campestre, que outrora acontecia na noite antes de todos os enterros, a filha não quis tomar parte e mandou que não acontecesse.

— Filha — disse uma das velhas sábias da aldeia a que ela pertencia —, deixe as pessoas se alegrarem no velório do seu pai esta noite, antes de chorarem no seu enterro amanhã.

— Não haverá alegria — respondeu a filha. — Por que eu deverei me alegrar outra vez se meu pai está morto?

— Filha — insistiu a velha —, deixe o velório se realizar. Seu pai está agora na terra além das águas. Não é nosso hábito deixar nossa tristeza nos silenciar.

Sabendo que a velha tinha o dom que os ancestrais afirmavam ser só o de pouquíssimos escolhidos, de poder viajar entre os vivos e os mortos, a filha disse a ela:

— Permitirei o velório apenas se puder ir à terra além das águas e trazer meu pai de volta.

A velha caminhou até o rio mais próximo e mergulhou nas águas. Poucas horas depois, retornou e foi até a casa da filha.

— Onde está meu pai? — perguntou a filha.

— Filha — respondeu a velha —, estou de volta de além das águas, lá nas profundezas da terra. Lá há algumas estradas largas e outras estreitas. Andei por elas. Havia muitos morros e montanhas, e eu os subi. Havia povoados e aldeias, cidadezinhas e cidades, e também passei por eles. Finalmente cheguei à terra dos ancestrais, a cidade dos mortos.

— Você viu meu pai? — perguntou a filha, impaciente.

— Vi tantas pessoas lá que nem consigo lhe contar — respondeu a velha. — Vi minha mãe e meu pai, meu tio e minha avó, minha tia que foi atropelada por um cavalo e minha irmã que morreu de tuberculose quando criança. Todos os meus entes queridos que morreram estavam lá.

— Você viu meu pai? — gritou a filha.

— Filha — respondeu a velha —, procurei e procurei entre todas aquelas pessoas até achar seu pai.

— Onde ele está? — perguntou a filha.

— "Eu vim para levá-lo de volta à terra dos vivos", falei ao seu pai. "O coração da sua filha se partiu em cem pedaços e ela não consegue viver sem você."

— O que ele respondeu? — perguntou a filha.

— "Estou muito emocionado por minha filha querer que eu volte", ele falou, "mas agora meu lar é aqui, na terra dos ancestrais. Diga a ela que, para mim, quando alguém está vivo, está vivo, mas quando está morto, está morto".

A velha então tirou de seu bolso um par de dentaduras que o pai usara religiosamente quando ainda estava entre os vivos e levara com ele até a terra dos mortos.

— Ele lhe mandou isso — disse a velha —, para que você acredite que o vi e aceitar o que ele disse.

A filha pegou as dentaduras e olhou para elas com muita tristeza, mas também com uma nova sensação de coragem.

— Que seja como meu pai deseja — disse ela. — Faremos o velório em sua honra, para nos alegrarmos e festejarmos sua vida, antes de o corpo ser enterrado. Vamos comer. Vamos cantar. Vamos dançar e contar histórias. Mas, principalmente, vamos falar do meu pai, pois não é nosso costume deixar nossa tristeza nos silenciar.

Alguns meses depois de meu pai morrer, a casa onde ele vivia pegou fogo. O incêndio começou às três da manhã, no mesmo quarto em que meu pai ficara acamado por quase um ano, no canto onde ele antes guardava seu estoque de emergência de vários tanques de oxigênio. Dada a natureza do incêndio — fissuras nas paredes, faíscas na fiação antiga, eletricidade —, o bombeiro-chefe previu que toda a casa, que havia perdido parte do telhado e algumas paredes, poderia estar totalmente destruída em 15 minutos. Tempo suficiente, porém, para minha mãe, meu irmão Karl e sua família, que se mudara para ficar com ela, escaparem rapidamente. Mas não tempo suficiente para meu pai, no estado em que estava, conseguir se levantar e fugir. Ele talvez não ouvisse o silvo das chamas que se espalhavam por causa do alto zumbido do seu compressor de oxigênio ou talvez não visse a fumaça além dos rostos fantasmagóricos que assombravam suas noites finais.

Depois de meu tio Joseph morrer, meu pai me contou que sonhara com ele só uma vez, e nunca junto do grupinho que ele imaginava em torno da sua cama. No sonho, quando meu tio ligou do apartamento de Maxo na noite em que quase morreu, meu pai realmente conseguia ir a tempo com ele na ambulância e segurava suas mãos enquanto os paramédicos perfuravam o buraco da traqueostomia no seu pescoço.

"Ele deveria estar com tanto medo", disse meu pai, "sem saber se iria viver ou morrer."

Como talvez a maioria das pessoas cujos entes queridos morreram, eu gostaria de ter alguma garantia sobre a vida depois da morte. Gostaria de ter certeza absoluta de que meu pai e meu tio agora estão juntos em algum lugar tranquilo e confortável, partilhando passeios e conversas infinitos além daqueles permitidos por suas visitas raras demais e curtas demais. Gostaria de saber que estão se confortando mutuamente para que ambos possam não se lembrar dos depressivos e muito sofridos últimos dias, e horas. Gostaria muito que fizesse sentido o fato de que partilham um túmulo e uma lápide no Queens, em Nova York, após viverem afastados por mais de trinta anos.

De qualquer forma, de vez em quando tento imaginá-los em um passeio pelas montanhas de Beauséjour. É alvorada, uma linda manhã sobre os morros verdejantes. O sol está nascendo devagar, ardendo através da neblina. Estão caminhando tranquilamente na trilha que desce em zigue-zague, unindo as aleias com o resto do mundo lá embaixo. E na minha imaginação, sempre que se afastam um do outro, um deles grita numa voz que ecoa pelos morros: "*Kote w ye frè m*?, Irmão, onde você está?"

E o outro rapidamente responde: "*Mwen la*. Bem aqui, irmão. Estou bem aqui."

Agradecimentos

Sou extremamente grata à Lannan Foundation pela bolsa decisiva em uma época muito decisiva. Obrigada, Cheryl Little, Mary Gundrum, Sharon Ginter e toda a equipe do Centro de Advocacia de Imigração da Flórida pelo acesso — por meio de ação legal e requerimentos extremamente persuasivos com base na Lei de Liberdade de Informação — a registros de Krome, do Jackson Memorial, do Departamento de Segurança Interna e do Escritório do Inspetor-geral, tão extremamente vitais para esta narrativa. Sou grata aos Advogados de Direitos Humanos dos Estudantes de Direito de Harvard e ao Centro de Justiça Global do Rio de Janeiro e de São Paulo, Brasil, por seu relatório de março de 2005 *Keeping the Peace in Haiti? An Assessment of the United Nations Stabilization Mission in Haiti Using Compliance with its Prescribed Mandate as a Barometer for Success*. Também a Irwin P. Stotzky, da Escola de Direito da Universidade de Miami, e a Thomas M. Griffin, por seu relatório *Haiti Humans Rights Investigation: November 11-21, 2004*. Obrigada aos representantes Kendrick B. Meek, Charles Rangel e major Owens, Robert Miller, John Schelbe, Drew Hamill, Alix Cantave e Esther Olavarria por nos escutar. Sou extremamente grata a Jonathan Demme, Joanne Howard, James e Stephanie McBride, Susan Benesh, Kathy Klarreich, Ira Kurzban, Leslie Casimir, Patrick Sylvain, Ron Howell, Patricia Benoit, Lewis Kornhauser, Daniel Wolff, Jim Defede, Gina Cheron, Tamara Thompson e Johnny McCalla, da Coalizão Nacional pelos Direitos do Haiti, baseada em Nova York, por seu interesse e seus conselhos lá no começo. A John Patrick Pratt, por representar meu tio sob circunstâncias extraordinariamente difíceis. Pelo apoio e pelo amor demonstrados junto a meu pai, gostaria de agradecer a Elycin e Lourdes Pyram, Denifa Rejouis, aos doutores P. Krishnan, Paul Farmer, Ketly Elysée, Jocelyn Celestin e Hearns Charles, aos reverendos Rene Etienne e Phylius Nicolas, ao reverendo e sra. Elima Maréus. Obrigada, Nick, Maxo, Franck, Josephine e Zi Dantica, Nicole Aragi, Robin Desser, Alena Graedon, Bob, Kelly, Rose, Mia e Karl Danticat, Ruth e Garry Auguste, Issalia e Fedo Boyer. Por trazer Mira ao mundo, quero agradecer a Colleen Fogarty, Shari Daniels, Carol Williams, Angela Bolivar, Dahlia Porter e Eunide, do Centro de Maternidade de Miami e Casa de Bebês.

Diane Wolkstein relata uma versão notável de "O Anjo da Morte e Deus Pai", como "Deus Pai e General Morte", em sua maravilhosa coletânea *The Magic Orange Tree and Other Haitian Folktales*. Harold Courlander faz o mesmo com "Quem é mais velho" e "A viagem sob as águas" em *The Piece of Fire and Other Haitian Tales*. Ruth Auguste, em seu livro de memórias ainda inédito, *Mom in the Mirror*, conta a história de Marie Micheline com maiores e mais saborosos detalhes.

Nota sobre a autora

Edwidge Danticat é autora de vários livros, incluindo *Breath, Eyes, Memory*, uma seleção do Clube do Livro Oprah; *Krik? Krak!*, finalista do National Book Award; *The Farming of Bones*, ganhador do American Book Award; e *The Dew Breaker*, finalista do PEN/Faulkner Award e vencedor do primeiro Story Prize. Ela também é editora de *Butterfly's Way: Voices from the Haitian Dyaspora in the United States* e de *Beacon Best of 2000: Great Writing by Women and Men of All Colors and Cultures*.

Ela mora em Miami com o marido e a filha.

Este livro foi composto em Minion
e impresso pela Ediouro Gráfica sobre
papel chamois 70g para a Agir em fevereiro de 2010.